# AUTISMUS

## Übungen und Strategien für die Erziehung eines Kindes unabhängigen und glüchlich

**Friedrich von Adlerheim**

## © Copyright 2023 by Friedrich von Adlerheim-

5

# Zusammenfassung

# I. Einführung in den Autismus:

## I.I - Was ist Autismus?

Autismus, auch bekannt als Autismus-Spektrum-Störung (ASS), ist eine neurobiologische Erkrankung, die die Art und Weise beeinflusst, wie eine Person mit der Welt um sie herum und mit anderen Menschen interagiert. Diese Erkrankung ist von Geburt an vorhanden oder entwickelt sich in den ersten Lebensjahren und kann die Kommunikation, die sozialen Beziehungen und das Verständnis für die Welt um uns herum erheblich beeinträchtigen.

Die Anzeichen für Autismus können von Person zu Person sehr unterschiedlich sein und umfassen oft Schwierigkeiten in der verbalen und nonverbalen Kommunikation, Schwierigkeiten in sozialen Beziehungen und repetitives Verhalten. Eine Person mit Autismus kann zum Beispiel Schwierigkeiten haben, soziale Signale zu verstehen, an Spielen mit anderen Kindern teilzunehmen oder ein Gespräch zu führen. Er/sie kann auch wiederkehrende Verhaltensweisen wie Obsessionen, Verhaltensmuster oder eingeschränkte Interessen zeigen.

Autismus ist eine breit gefächerte Störung, was bedeutet, dass seine Ausprägungen in Bezug auf Schweregrad und Symptome sehr unterschiedlich sein können. Manche Menschen mit Autismus brauchen ihr ganzes Leben lang ständige Unterstützung, während andere mit Hilfe von Therapie und Unterstützung relativ unabhängig leben können.
Die Behandlung von Autismus ist ein langfristiger Prozess, der eine Kombination aus Verhaltenstherapien,

unterstützenden Therapien und medizinischen Behandlungen umfasst. Das Ziel der Therapie ist es, den Menschen mit Autismus dabei zu helfen, Kommunikations- und Sozialisationsfähigkeiten zu entwickeln, die Welt um sie herum zu verstehen und ein unabhängigeres Leben zu führen.

Letztlich ist Autismus eine komplexe und variable Erkrankung, die ein kontinuierliches Verständnis und die Unterstützung von Familienmitgliedern, Freunden und der Gemeinschaft erfordert. Mit Hilfe einer angemessenen Therapie und nachhaltiger Unterstützung sind viele Menschen mit Autismus in der Lage, ein erfülltes und sinnvolles Leben zu führen.

Was ist nicht...

Es gibt viele falsche Vorstellungen und Vorurteile über Autismus, die zu Diskriminierung und Stigmatisierung von Menschen mit Autismus führen können. Hier sind einige Dinge, die Autismus nicht ist:

1. **Keine Geisteskrankheit**: Autismus ist keine Geisteskrankheit oder eine Frage der Willenskraft. Es handelt sich um eine lebenslange neurologische Entwicklungsstörung, die die Fähigkeit einer Person beeinträchtigt, zu kommunizieren, mit anderen zu interagieren und sich angemessen zu verhalten.

2. **Nicht durch schlechte Erziehung oder mangelnde elterliche** Zuwendung **verursacht**: Früher dachte man, dass Autismus durch schlechte Erziehung oder mangelnde elterliche Zuwendung verursacht wird, aber diese Theorie ist wissenschaftlich widerlegt worden. Autismus ist eine neurologische Entwicklungsstörung,

die sowohl eine genetische als auch eine umweltbedingte Komponente hat.

3. **Keine Wahl**: Menschen mit Autismus entscheiden sich nicht dafür, sich auf eine bestimmte Art und Weise zu verhalten oder Schwierigkeiten bei der Kommunikation oder Interaktion mit anderen zu haben. Sie werden einfach von einer Kombination aus genetischen und umweltbedingten Faktoren beeinflusst, die ihre neurologische Entwicklung beeinträchtigen.

4. **Es ist nicht für jeden das Gleiche**: Jeder Mensch mit Autismus ist einzigartig und weist eine einzigartige Kombination von Symptomen, Fähigkeiten und Schwierigkeiten auf. Es gibt kein Standardmodell für Autismus und keine zwei Menschen mit Autismus sind genau gleich.

5. **Autismus ist kein heilbarer Zustand**: Es gibt keine Heilung für Autismus, weil Autismus keine Krankheit ist, aber es gibt viele Therapien und Maßnahmen, die Menschen mit Autismus helfen können, ihre Fähigkeiten zu entwickeln und ein erfülltes und befriedigendes Leben zu führen.

Es ist wichtig, dass die Menschen verstehen, dass Autismus keine Entscheidung oder mangelnder Wille ist und dass Menschen mit Autismus Respekt und Verständnis verdienen und dabei unterstützt werden sollten, ihre Fähigkeiten zu entwickeln und ihr Potenzial auszuschöpfen.

# I.II - Die Symptome und Anzeichen von Autismus

Die Symptome und Anzeichen bei Menschen, bei denen Autismus diagnostiziert wurde, sind von Person zu Person sehr unterschiedlich und können je nach Schweregrad der Erkrankung und dem Alter variieren. Im Folgenden findest du einige der häufigsten Verhaltensmerkmale, die mit Autismus in Verbindung gebracht werden:

1. **Kommunikationsschwierigkeiten**: Menschen mit Autismus haben oft Schwierigkeiten, mit anderen zu kommunizieren, sowohl verbal als auch nonverbal. Sie haben möglicherweise Schwierigkeiten, die Sprache anderer zu verstehen und die Sprache angemessen zu verwenden.

2. **Eingeschränkte soziale Interaktion**: Menschen mit Autismus haben oft Schwierigkeiten, gesunde Beziehungen zu anderen Menschen aufzubauen und aufrechtzuerhalten, insbesondere zu Gleichaltrigen. Sie können zurückhaltend sein, wenn es darum geht, Augenkontakt herzustellen oder auf die Gefühle anderer zu reagieren.

3. **Sich wiederholende Verhaltensweisen**: Menschen mit Autismus zeigen oft sich wiederholende Verhaltensweisen wie Klatschen, Schaukeln oder das Wiederholen von Sätzen oder Wörtern. Diese Verhaltensweisen können eine Form von Trost oder emotionaler Regulierung sein.

4. **Eingeschränkte Interessen**: Menschen mit Autismus können sehr spezifische und eingeschränkte Interessen haben, die zwanghaft werden können. Diese Interessen können ihre Fähigkeit zur Teilnahme an sozialen und schulischen Aktivitäten beeinträchtigen.

5. **Sensorische Sensibilität**: Menschen mit Autismus können eine abnorme sensorische Sensibilität haben, z. B. eine Über- oder Unterempfindlichkeit gegenüber Geräuschen, Licht, Farben, Geschmäckern und Gerüchen.

6. **Nahrungsselektivität**: Nahrungsselektivität ist ein häufiges Essverhalten bei Menschen mit Autismus. Sie besteht darin, dass sie sich weigern, eine bestimmte Menge an Lebensmitteln zu essen, oder nur einige wenige Arten von Lebensmitteln zu sich nehmen.

7. **Stereotype** Verhaltensweisen: Stereotype Verhaltensweisen sind ein häufiges Merkmal von Menschen mit Autismus. Diese Verhaltensweisen können sich wiederholende Bewegungen oder die Wiederholung von Wörtern oder Sätzen beinhalten.

8. **Destruktives Verhalten**: Menschen mit Autismus können destruktives Verhalten zeigen, wie Kratzen, Beißen oder Werfen von Gegenständen.

9. **Aufmerksamkeits- und** Konzentrationsprobleme: Menschen mit Autismus können Probleme mit der Aufmerksamkeit und Konzentration haben, besonders in sozialen oder schulischen Situationen.

10. **Schlafprobleme**: Menschen mit Autismus können Schlafprobleme haben, wie zum Beispiel Schwierigkeiten beim Einschlafen oder Durchschlafen.

Dies sind nur einige der häufigsten Symptome, die mit Autismus in Verbindung gebracht werden. Es ist wichtig zu wissen, dass die Symptome und Anzeichen von Person zu Person sehr unterschiedlich sein können, ebenso wie ihre Intensität, und dass einige Menschen mit Autismus möglicherweise nicht alle Symptome aufweisen. Außerdem können manche Menschen mit Autismus andere Symptome oder Anzeichen aufweisen als die aufgeführten.

# Kommunikationsschwierigkeiten

Einschränkungen in der Kommunikation sind eines der häufigsten Merkmale von Menschen mit Autismus. Diese Einschränkungen können je nach Schweregrad der Erkrankung und dem Alter der Person variieren. Hier sind einige Beispiele, die dir helfen, diese Einschränkungen in der Kommunikation besser zu verstehen:

1. **Verzögerungen in der Sprachentwicklung**: Viele Kinder mit Autismus haben Verzögerungen in der Sprachentwicklung, was bedeuten kann, dass sie später zu sprechen beginnen als ihre Altersgenossen. In manchen Fällen können Kinder mit Autismus überhaupt nicht sprechen.

2. **Schwierigkeiten beim Sprachverständnis**: Viele Kinder mit Autismus haben Schwierigkeiten, die Sprache anderer zu verstehen, z. B. können sie Anweisungen nicht befolgen oder Gespräche nicht verstehen.

3. **Schwierigkeiten, ihre Bedürfnisse und** Wünsche **mitzuteilen**: Kinder mit Autismus können Schwierigkeiten haben, anderen ihre Bedürfnisse und Wünsche mitzuteilen, was für beide Parteien zu Frustration und Stress führen kann.

4. **Eingeschränkte nonverbale Kommunikation**: Viele Kinder mit Autismus haben Schwierigkeiten, sich nonverbal mitzuteilen, z. B. vermeiden sie vielleicht Blickkontakt oder zeigen keine anderen üblichen sozialen Verhaltensweisen wie Lächeln oder Kopfnicken.

5. **Stereotype oder sich wiederholende Kommunikation**: Kinder mit Autismus können dazu neigen, dieselben Sätze oder Wörter auf stereotype Weise zu wiederholen oder zwanghaft über bestimmte Themen zu sprechen.

Es ist sehr wichtig, mit einem Therapeuten oder einer Logopädin zusammenzuarbeiten, um dem Kind zu helfen, seine Kommunikationsfähigkeiten zu entwickeln und seine Lebensqualität zu verbessern.

# Eingeschränkte soziale Interaktion

Die Einschränkungen in der sozialen Interaktion von Menschen mit Autismus bestehen in Schwierigkeiten, gesunde und sinnvolle Beziehungen zu anderen aufzubauen und zu pflegen. Dies kann zu verschiedenen Herausforderungen für Menschen mit Autismus führen, darunter:

1. **Schwierigkeiten, soziale Normen zu verstehen**: Menschen mit Autismus können Schwierigkeiten haben, soziale Normen und Erwartungen zu verstehen, die soziale Interaktionen regeln, z. B. wie man während eines Gesprächs Abstand hält oder wie man auf einen Witz reagiert.

2. **Schwierigkeiten, die Emotionen anderer zu verstehen**: Menschen mit Autismus können Schwierigkeiten haben, die Emotionen anderer zu verstehen, z. B. deren Stimmung oder Absichten, was es ihnen schwer machen kann, sinnvolle soziale Beziehungen aufzubauen.

3. **Schwierigkeiten, Blickkontakt herzustellen**: Viele Menschen mit Autismus vermeiden Blickkontakt, was es ihnen schwer machen kann, eine emotionale Verbindung zu anderen aufzubauen.

4. **Vermeidung von Körperkontakt**: Manche Menschen mit Autismus vermeiden Körperkontakt wie Umarmungen oder Händeschütteln, was es für sie schwierig machen kann, sinnvolle soziale Beziehungen aufzubauen.

5. **Schwierigkeiten bei der Teilnahme an sozialen Aktivitäten**: Manche Menschen mit Autismus haben Schwierigkeiten, an sozialen Aktivitäten wie Partys oder Gruppenspielen teilzunehmen, was es ihnen schwer machen kann, sinnvolle soziale Beziehungen aufzubauen.

Bei autistischen Kindern können diese Einschränkungen in der sozialen Interaktion besonders schwer zu überwinden sein, denn Sozialisation und Beziehungsaufbau sind Schlüsselelemente für eine gesunde Entwicklung und ein gesundes Wachstum. Ein autistisches Kind kann zum Beispiel Schwierigkeiten haben, Beziehungen zu Gleichaltrigen aufzubauen, die Gefühle anderer zu verstehen oder an sozialen Aktivitäten wie Gruppenspielen teilzunehmen. Diese Herausforderungen können es dem autistischen Kind erschweren, sinnvolle Beziehungen zu anderen aufzubauen, die für die soziale und emotionale Entwicklung entscheidend sind. Aus diesem Grund ist es wichtig, dass autistische Kinder angemessene Unterstützung erhalten, die ihnen hilft, diese Herausforderungen zu überwinden und gesunde und sinnvolle Beziehungen zu anderen zu entwickeln

# Sich wiederholendes Verhalten

Sich wiederholende Verhaltensweisen sind ein häufiges Merkmal von Menschen mit Autismus. Diese Verhaltensweisen können in Bezug auf Art, Intensität und Häufigkeit variieren, beinhalten aber im Allgemeinen die Wiederholung von Handlungen, Wörtern oder Sätzen, begrenzte Interessen und das starre Festhalten an genauen Routinen oder Mustern.

Hier sind einige Beispiele für repetitives Verhalten, das bei Menschen mit Autismus häufig vorkommt:

1. **Sich wiederholende Handlungen**: z.B. klatschen, schaukeln oder mit den Armen winken.

2. **Sich wiederholende Wörter oder Sätze**: Du wiederholst zwanghaft denselben Satz oder dasselbe Wort.

3. **Begrenzte** Interessen: Du konzentrierst dich wie besessen auf ein bestimmtes Interesse, z. B. Eisenbahnmechanik oder Dinosaurier, und verbringst viel Zeit damit, dich damit zu beschäftigen oder darüber zu sprechen.

4. **Starre Routinen**: Schwierigkeiten, die täglichen Routinen zu ändern oder anzupassen, z. B. immer den gleichen Schulweg zu nehmen oder immer die gleiche Art von Essen zu essen.

Bei Kindern mit Autismus können diese sich wiederholenden Verhaltensweisen in der Kindheit und Jugend deutlicher werden. Ein Kind mit Autismus kann zum Beispiel immer wieder mit demselben Spielzeug

spielen, denselben Satz immer wiederholen oder stundenlang dasselbe Lied singen.
Diese sich wiederholenden Verhaltensweisen können helfen, sie zu beruhigen oder Stress zu bewältigen, aber sie können auch ihre täglichen Aktivitäten und sozialen Beziehungen beeinträchtigen.

Es ist wichtig zu wissen, dass repetitives Verhalten von Mensch zu Mensch sehr unterschiedlich sein kann und dass jeder Mensch mit Autismus einzigartige Bedürfnisse hat und einen individuellen Ansatz benötigt. Die Unterstützung durch ein Team von Fachleuten, darunter Ärzte, Therapeuten und Lehrer, kann helfen, repetitives Verhalten zu bewältigen und die Entwicklung und die sozialen Beziehungen des Kindes mit Autismus zu fördern.

# Eingeschränkte Interessen

Enge Interessen sind ein häufiges Merkmal von Menschen mit Autismus und können in Intensität und Art variieren. Diese Interessen können sehr spezifisch sein und sich auf Themen wie Dinosaurier, Züge, Flugzeuge oder andere spezifische Objekte oder Kategorien beziehen.

Für ein Kind mit Autismus kann dieses eingeschränkte Interesse zu einer zwanghaften Aktivität werden und es daran hindern, andere Aktivitäten zu erleben oder mit anderen zu interagieren. Ein Kind mit Autismus kann zum Beispiel täglich stundenlang Videos über Dinosaurier ansehen oder Bücher über sie lesen, aber es kann sich weigern, an anderen Aktivitäten teilzunehmen oder mit anderen Kindern zu spielen.

Diese eingeschränkten Interessen können auch als eine Form der Bewältigung für das Kind mit Autismus dienen. In Zeiten von Stress oder Ängsten kann es zum Beispiel Trost oder Erleichterung finden, indem es sich auf seine Lieblingsbeschäftigung oder -interessen konzentriert.

Es ist jedoch wichtig zu wissen, dass enge Interessen an sich nichts Negatives sind, sondern auch genutzt werden können, um dem Kind mit Autismus bei der Entwicklung seiner Fähigkeiten und Kompetenzen zu helfen. Ein Kind, das sich für Züge interessiert, könnte zum Beispiel ermutigt werden, dieses Interesse zu nutzen, um seine mathematischen Fähigkeiten oder sein Wissen über Geografie zu erweitern.

Im Allgemeinen können die engen Interessen von Menschen mit Autismus ein wichtiger Teil ihrer

Persönlichkeit sein und ihnen helfen, Stress zu bewältigen und ihre Fähigkeiten zu entwickeln.
Es ist jedoch wichtig, dass diese Interessen gesteuert und in ein ausgewogenes Leben integriert werden, damit sie nicht die Entwicklung sozialer Fähigkeiten und die Teilnahme an anderen Aktivitäten behindern.

# Sensorische Sensibilität

Sensorische Sensibilität ist ein häufiges Merkmal von Menschen mit Autismus, das sich in einer abnormen Wahrnehmung der Sinne äußert. Eine Person mit Autismus kann zum Beispiel überempfindlich auf Geräusche, Licht oder taktile Empfindungen reagieren oder überempfindlich auf dieselben Reize.

Bei Kindern mit Autismus kann diese sensorische Empfindlichkeit ihre Fähigkeit beeinträchtigen, mit der Welt um sie herum zu interagieren und Stress und Frustration verursachen. Ein Kind mit Autismus kann zum Beispiel durch laute Geräusche wie eine Alarmsirene gestört werden oder es reagiert sehr empfindlich auf die Berührung von Kleidung und zieht es vor, nur weiche, bequeme Stoffe zu tragen.

Diese sensorische Empfindlichkeit kann auch die Art und Weise beeinflussen, wie ein Kind mit Autismus spielt und mit anderen interagiert. Zum Beispiel kann ein Kind mit Autismus aufgrund der Empfindlichkeit seiner Hände oder seiner Haut Schwierigkeiten haben, an Spielen teilzunehmen, die Körperkontakt erfordern, wie z. B. eine Umarmung oder ein Ballspiel.

Es ist wichtig zu wissen, dass die sensorische Sensibilität von Mensch zu Mensch mit Autismus unterschiedlich ist und dass nicht alle Kinder mit Autismus diese Eigenschaft haben. Das Verständnis der sensorischen Sensibilität eines Kindes mit Autismus kann Eltern, Lehrern und anderen Betreuern jedoch dabei helfen, einen individuelleren und gezielteren Behandlungsplan zu entwickeln, um dem Kind zu helfen, mit seinem Zustand umzugehen und auf eine angenehmere und sinnvollere Weise mit der Welt zu interagieren.

angenehmere und sinnvollere Weise mit der Welt zu interagieren.

## Nahrungsselektivität

Nahrungsselektivität ist ein häufiges Essverhalten bei Menschen mit Autismus. Es besteht darin, dass sie sich weigern, eine bestimmte Menge an Lebensmitteln zu essen, oder sich dafür entscheiden, nur einige wenige Arten von Lebensmitteln zu essen. Das kann für Eltern sehr einschränkend und besorgniserregend sein, vor allem, wenn es sich um Kinder mit Autismus handelt.

Ein Kind mit Autismus kann sich zum Beispiel weigern, Lebensmittel einer bestimmten Farbe oder Beschaffenheit zu essen, oder es isst nur kohlenhydrathaltige Lebensmittel wie Chips oder Brot. Das kann es für die Eltern schwierig machen, eine ausgewogene, auf die Ernährungsbedürfnisse des Kindes zugeschnittene Ernährung anzubieten.

Die Nahrungsmittelselektion bei diesen Kindern kann verschiedene Gründe haben, darunter abnorme sensorische Empfindlichkeiten, Kommunikationsschwierigkeiten und Schwierigkeiten bei der Stressbewältigung. Ein Kind mit Autismus kann zum Beispiel Schwierigkeiten haben, mit der Beschaffenheit oder dem Geschmack bestimmter Lebensmittel umzugehen, was dazu führen kann, dass es diese nicht essen will.

Um die Nahrungsselektion bei Kindern mit Autismus anzugehen, ist es wichtig, mit einer Ernährungsfachkraft und einem Verhaltenstherapeuten zusammenzuarbeiten, um einen sicheren und angemessenen Essensplan zu entwickeln. Dies könnte die schrittweise Einführung neuer Lebensmittel, die Anwendung von Techniken zur

Desensibilisierung und die Unterstützung der Kommunikation während der Mahlzeiten beinhalten.

Außerdem können Eltern ihr Kind dazu ermutigen, bei der Zubereitung von Mahlzeiten und beim Kochen mitzumachen, denn das kann dazu beitragen, dass es mit verschiedenen Lebensmitteln vertraut wird und sich wohl fühlt.

Generell ist es wichtig, mit Kindern mit Autismus geduldig und verständnisvoll umzugehen und gemeinsam mit ihnen eine positive Beziehung zum Essen und zu einer ausgewogenen Ernährung zu entwickeln.

# Stereotypes Verhalten

Stereotype Verhaltensweisen sind ein häufiges Merkmal von Menschen mit Autismus. Dabei kann es sich um sich wiederholende Körperbewegungen handeln, wie z. B. das Schaukeln oder Flattern der Arme, oder um sich wiederholende Verhaltensweisen wie die Wiederholung von Wörtern oder Sätzen.

Für Kinder mit Autismus können diese Verhaltensweisen eine Möglichkeit sein, Stress zu bewältigen oder sich in ängstlichen Situationen zu beruhigen.

Ein Kind mit Autismus könnte zum Beispiel anfangen, in die Hände zu klatschen oder hin und her zu schaukeln, um sich in einer sozialen Situation, die es ängstlich macht, zu beruhigen. Diese Verhaltensweisen können auch zu einem wichtigen Teil der täglichen Routine werden und dazu beitragen, ein Gefühl von Stabilität und Vorhersehbarkeit in ihrem Leben zu erhalten.

Stereotypes Verhalten kann Kinder mit Autismus aber auch daran hindern, effektiv mit ihrer Umwelt zu interagieren. Ein Kind mit Autismus, das sich auf stereotypes Verhalten konzentriert, kann sich zum Beispiel nicht auf eine soziale oder schulische Aktivität konzentrieren.

Außerdem können diese Verhaltensweisen von anderen als seltsam oder unpassend empfunden werden und es Kindern mit Autismus schwer machen, gesunde soziale Beziehungen aufzubauen.
Zusammenfassend lässt sich sagen, dass stereotype Verhaltensweisen ein häufiges Merkmal von Menschen mit Autismus sind, vor allem bei Kindern, und dass sie als

Mittel zur Stressbewältigung oder zur Beruhigung eingesetzt werden können. Diese Verhaltensweisen können jedoch auch eine effektive Interaktion mit der Umwelt verhindern und den Aufbau gesunder sozialer Beziehungen erschweren.

# Zerstörerisches Verhalten

Zerstörerisches Verhalten ist ein Verhalten, bei dem Gegenstände oder die Umgebung beschädigt oder zerstört werden. Diese Verhaltensweisen können bei einigen Menschen mit Autismus auftreten und verschiedene Ursachen haben, z. B. Frustration, Stress, sensorische Überempfindlichkeit oder ein Bedürfnis nach Aufmerksamkeit.

Bei Kindern mit Autismus kann destruktives Verhalten Folgendes beinhalten:

1. **Zerstörung von Gegenständen**: Ein Kind mit Autismus macht vielleicht impulsiv oder aus Frustration Gegenstände wie Spielzeug oder Möbel kaputt.

2. **Graffiti**: Ein Kind mit Autismus könnte mit Bleistiften oder Markern auf Wände oder andere Oberflächen malen und dabei irreparable Schäden verursachen.

3. **Zerstörung von Pflanzen oder Blumen**: Ein Kind mit Autismus reißt vielleicht impulsiv oder aus Frustration Pflanzen oder Blumen aus oder zerstört sie.

4. **Aggressives Verhalten**: Ein Kind mit Autismus kann aggressiv werden und anderen Kindern oder Gegenständen körperlichen Schaden zufügen, z. B. durch Schlagen oder Schubsen.

Es ist wichtig zu wissen, dass diese destruktiven Verhaltensweisen für die Eltern und ihr Umfeld belastend sein können, aber sie lassen sich auch mit Hilfe eines Therapeuten oder Beraters in den Griff bekommen. Es ist zum Beispiel möglich, dem Kind angemessenere Alternativen beizubringen, um seine Gefühle oder

Bedürfnisse auszudrücken, oder eine sichere Umgebung zu schaffen, in der das Kind sein destruktives Verhalten kontrolliert ausdrücken kann.

Generell ist es wichtig zu verstehen, dass destruktives Verhalten oft ein Symptom für eine zugrundeliegende Herausforderung ist und dass Verständnis und Hilfe dabei helfen können, es zu bewältigen und die Lebensqualität des Kindes mit Autismus zu verbessern.

# Aufmerksamkeits- und Konzentrationsprobleme

Aufmerksamkeits- und Konzentrationsprobleme sind eines der gemeinsamen Merkmale von Autismus. Sie können von Person zu Person unterschiedlich stark ausgeprägt sein, stellen aber für Menschen mit Autismus, insbesondere für Kinder, oft eine große Herausforderung dar.

Bei autistischen Kindern können sich Aufmerksamkeits- und Konzentrationsprobleme auf unterschiedliche Weise äußern. So können sie zum Beispiel Schwierigkeiten haben, ihre Aufmerksamkeit bei schulischen Aktivitäten oder Gesprächen aufrechtzuerhalten, oder sie lassen sich in lauten Umgebungen leicht durch Geräusche oder Klänge ablenken. Sie können auch Schwierigkeiten haben, sich auf bestimmte Aufgaben zu konzentrieren, wie z. B. das Lösen von mathematischen Aufgaben oder das Lesen eines Buches, und lassen sich leicht von anderen Aktivitäten oder Elementen in der Umgebung ablenken.

Außerdem können Kinder mit Autismus sich wiederholende Interessen haben, die ihre Fähigkeit, sich auf andere Aktivitäten zu konzentrieren, beeinträchtigen können. Sie können zum Beispiel von einem bestimmten Spielzeug oder einer bestimmten Aktivität besessen sein und es fällt ihnen schwer, ihre Aufmerksamkeit davon abzuwenden und sich auf andere Dinge zu konzentrieren.
Es ist wichtig zu wissen, dass diese Aufmerksamkeits- und Konzentrationsprobleme nicht auf mangelndes Engagement oder fehlende Motivation zurückzuführen sind, sondern oft mit der Biologie des Gehirns und den Merkmalen des autistischen Zustands zusammenhängen.

Um autistischen Kindern zu helfen, diese Probleme zu überwinden, ist es wichtig, dass Eltern, Lehrkräfte und andere Fachkräfte zusammenarbeiten, um ein Lernumfeld zu schaffen, das ihren Bedürfnissen entspricht und ihnen hilft, sich zu konzentrieren und ihre Aufmerksamkeit aufrechtzuerhalten. Dazu kann es gehören, eine ruhige, ablenkungsfreie Umgebung zu schaffen, Aktivitäten und Aufgaben anzubieten, die für das Kind von Interesse sind, und positive Verstärkungstechniken einzusetzen, um das gewünschte Verhalten zu fördern.

Generell ist es wichtig zu bedenken, dass jedes Kind mit Autismus einzigartig ist und dass Aufmerksamkeits- und Konzentrationsprobleme von Kind zu Kind unterschiedlich stark ausgeprägt sein können. Die Zusammenarbeit mit einem Team von Fachleuten, um die besonderen Bedürfnisse des Kindes zu ermitteln und einen maßgeschneiderten Förderplan zu entwickeln, ist der effektivste Weg, um dem Kind zu helfen, diese Probleme zu überwinden und sein volles Potenzial auszuschöpfen.

## Schlafprobleme

Schlafprobleme sind bei Menschen mit Autismus häufig, sowohl bei Erwachsenen als auch bei Kindern. Dazu gehören Einschlafschwierigkeiten, häufiges Aufwachen während der Nacht, zu wenig oder zu langer Schlaf und Schwierigkeiten, einen regelmäßigen Schlafrhythmus einzuhalten.

Ein Kind mit Autismus kann zum Beispiel Schwierigkeiten haben, einzuschlafen, weil es übermäßig empfindlich auf Sinneseindrücke wie Licht oder Lärm reagiert. Es kann auch Schwierigkeiten haben, einen regelmäßigen Schlafrhythmus einzuhalten, weil es sich zwanghaft für ein bestimmtes Thema interessiert, das es bis spät in die Nacht wach hält oder früh am Morgen aufstehen lässt. Außerdem kann es sein, dass sie aufgrund von Angst oder Stress Schwierigkeiten haben, durchzuschlafen, oder dass sie aufgrund von Albträumen oder Ängsten häufig nachts aufwachen.

Es ist wichtig zu wissen, dass Schlafprobleme einen erheblichen Einfluss auf die Lebensqualität von Menschen mit Autismus und ihren Familien haben können. Sie können zu Schwierigkeiten bei der Konzentration, beim Lernen, beim Gedächtnis und bei der Stressbewältigung führen und das Risiko von Gesundheitsproblemen wie Fettleibigkeit, Depressionen und Angstzuständen erhöhen. Um Kindern mit Autismus bei der Bewältigung von Schlafproblemen zu helfen, können Eltern und Betreuer eine Reihe von Maßnahmen ergreifen, wie z. B. die Einführung einer regelmäßigen Schlafroutine, die Vermeidung von Überstimulation vor dem Schlaf, die Schaffung einer angenehmen Schlafumgebung und die Minimierung von Unterbrechungen während der Nacht. In manchen Fällen kann es hilfreich sein, einen Schlafspezialisten zu konsultieren, um die Situation zu beurteilen und weitere Unterstützung zu erhalten.

# I.III - Die Diagnose von Autismus

Die Diagnose von Autismus ist ein Prozess, der die Beobachtung und Bewertung des Verhaltens, der sozialen Fähigkeiten, der Kommunikation und des sich wiederholenden Verhaltens einer Person umfasst. Die Diagnose wird von qualifizierten Fachleuten wie Ärzten, Psychologen oder Verhaltenstherapeuten gestellt, die eine Kombination aus standardisierten Tests, klinischen Beurteilungen und Gesprächen mit Eltern oder Lehrern verwenden.

Bei autistischen Kindern wird die Diagnose oft im Alter von 2 bis 3 Jahren gestellt, kann aber auch jederzeit vor dem Alter von 18 Jahren erfolgen. Bei Kindern mit Verdacht auf Autismus kann eine Fachkraft eine Untersuchung durchführen, um Anzeichen für die Krankheit zu erkennen. Zu diesen Anzeichen können Kommunikationsschwierigkeiten, sich wiederholende Verhaltensweisen, Schwierigkeiten bei der sozialen Interaktion oder eine abnorme sensorische Empfindlichkeit gehören.

In manchen Fällen zeigen Kinder mit Autismus frühe Anzeichen von Entwicklung, wie z. B. frühes Sprechen oder frühes Gehen, verlieren diese Fähigkeiten dann aber wieder. In anderen Fällen können Kinder Anzeichen einer Entwicklungsverzögerung zeigen, wie zum Beispiel Schwierigkeiten beim Sprechen oder Gehen.

Um die Diagnose Autismus zu bestätigen, können Fachkräfte eine Reihe von standardisierten Instrumenten und Tests verwenden, wie zum Beispiel die Autism Rating Scale for Children (CARS) oder den Denver Autism Assessment Test. Diese Instrumente helfen Fachkräften, die sozialen Fähigkeiten, die Kommunikation und das repetitive Verhalten eines Kindes objektiv zu beurteilen.

Im Allgemeinen ist die Diagnose von Autismus ein komplexer Prozess, der eine sorgfältige Beurteilung durch qualifizierte Fachkräfte erfordert. Eine frühzeitige Diagnose ist wichtig, denn sie ermöglicht Kindern und ihren Familien den Zugang zu wertvollen Behandlungen und Ressourcen, die ihre Lebensqualität verbessern können.

# II. Grundlegender Kapazitätsaufbau:

## II.I - Übungen zum Waschen und selbstständigen Tragen von Kleidung

### Waschübungen

sind eine Reihe von Aktivitäten, die darauf abzielen, die Sinneswahrnehmung und die Toleranz gegenüber Empfindungen auf der Haut zu verbessern. Diese Übungen sind besonders nützlich für Kinder mit Autismus, die oft Schwierigkeiten haben, körperliche Empfindungen zu tolerieren und anormale sensorische Empfindlichkeiten haben können.

Hier sind fünf Beispiele für Waschübungen, die für Kinder mit Autismus nützlich sein können:

1. **Händewaschen mit Seife und warmem Wasser**: Diese Übung hilft, die Toleranz gegenüber Hautempfindungen zu verbessern und die Wahrnehmung von körperlichen Empfindungen zu stärken.

2. **Warmwasser- und Salzmassage**: Diese Übung verbessert die Durchblutung und die Sinneswahrnehmung und ist außerdem entspannend.

3. **Kaltwasserspritzen**: Diese Übung hilft, die Toleranz gegenüber körperlichen Empfindungen zu verbessern und die Fähigkeit zu entwickeln, emotionale Reaktionen zu regulieren.

4. **Waschen mit Eis und kaltem Wasser**: Diese Übung hilft, die Toleranz gegenüber körperlichen Empfindungen zu entwickeln und die Sinneswahrnehmung zu verbessern.

5. **Bäder mit Kräutern oder ätherischen Ölen**: Diese Übung hilft, die Sinneswahrnehmung zu verbessern, und wirkt entspannend und stimmungsaufhellend.

Dies sind nur ein paar Beispiele für Waschübungen, die für Kinder mit Autismus nützlich sein können. Es ist wichtig, dass diese Übungen von einer Fachkraft beaufsichtigt werden, um sicherzustellen, dass sie sicher durchgeführt werden und auf die individuellen Bedürfnisse des Kindes zugeschnitten sind. Außerdem ist es wichtig, dass Kinder mit Autismus schrittweise an diese Übungen herangeführt werden, um ihre Toleranz gegenüber körperlichen Empfindungen zu fördern und sie auf diese Aktivitäten vorzubereiten.

## Übungen zum Anziehen

Zu lernen, sich selbst anzuziehen, ist eine wichtige Aufgabe für alle Kinder, kann aber für Kinder mit Autismus aufgrund ihrer Einschränkungen in der Kommunikation und sozialen Interaktion besonders schwierig sein. Mit etwas Übung und Unterstützung können viele Kinder mit Autismus jedoch lernen, sich selbst anzuziehen. Hier sind 10 Übungen, mit denen autistische Kinder lernen können, sich selbst anzuziehen:

1. **Unterrichten der einzelnen Schritte des Anziehens**: Bringe dem Kind jeden Schritt des Anziehens einzeln bei und wiederhole jeden Schritt, bis er richtig ausgeführt wird.

2. **Verwende Anschauungsmaterial**: Gib dem Kind Bilder oder Zeichnungen, die zeigen, wie man sich anzieht, z. B. wie man das Hemd über den Arm, dann über den Kopf und schließlich über den Körper zieht.

3. **Übe mit einfach zu tragender** Kleidung: Beginne mit einfach zu tragender Kleidung, z.B. Hosen, und steigere dann allmählich die Komplexität.

4. Spielend üben: Spielend üben, sich zu verkleiden, z.B. Puppen oder Stofftiere an- und auszuziehen.

5. **Lege tägliche** Routinen fest: Lege eine tägliche Routine für das Anziehen fest, z.B. ziehe dich jeden Tag zur gleichen Zeit an.

6. **Lass dir von einem Erwachsenen helfen**: Ein Erwachsener sollte dem Kind beim Anziehen helfen, indem er es Schritt für Schritt anleitet und ermutigt.

7. **Positives** Feedback **geben**: Gib dem Kind jedes Mal ein positives Feedback, wenn es sich richtig anzieht, und korrigiere Fehler sanft.

8. Erfolge belohnen: Belohne die Erfolge des Kindes, zum Beispiel mit einer kleinen Belohnung oder ermutigenden Worten.

9. Regelmäßig **wiederholen**: Wiederhole die Übungen regelmäßig, um dem Kind zu helfen, zu lernen und seine Fähigkeiten zu festigen.

10. Entwickle eine Routine: Entwickle eine Anzugsroutine, z. B. das Anziehen, bevor du zu einer Aktivität gehst oder abends ins Bett.

Dies sind nur einige Beispiele für Übungen, die autistischen Kindern helfen können, sich selbstständig anzuziehen. Es ist wichtig, mit dem Kind und seinem Betreuungsteam zusammenzuarbeiten, um einen individuellen Anziehplan zu entwickeln

# II.II - Übungen zum Erlernen des Tagesablaufs

Übungen zum Erlernen von Tagesabläufen sind Aktivitäten, die Menschen, insbesondere Kindern mit Autismus, dabei helfen sollen, Tagesabläufe zu verstehen und ihnen zu folgen. Diese Übungen sind wichtig, weil Routinen ein Gefühl von Struktur und Vorhersehbarkeit vermitteln, das dazu beitragen kann, Ängste abzubauen und die Anpassungsfähigkeit zu verbessern.

Hier sind 10 Beispiele für Übungen zum Erlernen des Tagesablaufs:

## Erstellen eines visuellen Programms:

Verwende Bilder oder Zeichnungen, um die täglichen Aktivitäten darzustellen und ihre Reihenfolge zu veranschaulichen, falls du deinem Kind beibringen willst, wie es sich anziehen soll:

**Bestimme die Kleidung, die das** Kind **tragen soll**: Wähle die Kleidung aus, die das Kind täglich tragen soll, z. B. ein T-Shirt, eine Hose, Schuhe und so weiter.

**Anschauliche Bilder von Kleidung erstellen**: Fertige Zeichnungen oder detaillierte Bilder von jedem Kleidungsstück an, das das Kind tragen wird, und verwende dabei helle Farben und einfache Linien, um das Verständnis zu erleichtern.

Ordne die Bilder der Kleidung in einer logischen Reihenfolge an: Ordne die Bilder der Kleidung in einer logischen Reihenfolge an, z. B. erst das Hemd, dann die Hose, dann die Schuhe, damit das Kind den Anweisungen leicht folgen kann.

**Füge** schriftliche oder mündliche Anweisungen **hinzu**: Füge schriftliche oder mündliche Anweisungen neben jedem Bild der Kleidung ein, z. B. "Zieh das Hemd an" oder "Zieh die Hose an".

**Schaffe eine tägliche Routine**: Baue die Verkleidungsübung in den Tagesablauf des Kindes ein, z.B. morgens vor der Schule oder vor dem Schlafengehen.

Das Programm **anpassen können**: Sei darauf vorbereitet, das Programm an die Bedürfnisse des Kindes anzupassen, z. B. indem du Bilder von komplexeren Kleidungsstücken einfügst, wenn das Kind kompetenter wird.

**Unterstütze und ermutige das Kind**: Unterstütze und ermutige das Kind während des Lernprozesses, indem du ihm jedes Mal positives Feedback gibst, wenn es einen Schritt erfolgreich abgeschlossen hat.

## Verwende einen Timer:

Stelle einen Timer ein, um anzuzeigen, wann du eine Aufgabe beginnen und beenden musst.

## Übungen zur Nachahmung:

Mach eine Aktivität zusammen mit dem Kind und ermutige es, sie nachzuahmen.

**Wähle eine einfache Tätigkeit**: Wähle eine alltägliche Tätigkeit, die das Kind nachahmen kann, wie z.B. Zähneputzen oder Spielzeug wegräumen.

**Führe die Aktivität gemeinsam mit dem Kind durch**: Zeige dem Kind, wie es die Aktivität ausführt, und achte darauf, jeden Schritt in einfachen Worten und Gesten zu erklären.

**Ermutige das Kind zur Nachahmung**: Nachdem du die Aktivität mit deinem Kind durchgeführt hast, ermutige es, sie nachzuahmen. Lobe und bestärke es für jeden richtig ausgeführten Schritt.

**Wiederhole** die Übung: Wiederhole die Übung mehrmals am Tag, damit dein Kind sie lernt und sich die Übung einprägt.

**Mach die Übung zum Spaß**: Füge Elemente von Spiel und Spaß in die Aktivität ein, wie z.B. ein Lied singen oder mit einem Spielzeug spielen, während du die Übung ausführst.

## Verwende das Spiel:

auf spielerische Weise alltägliche Aktivitäten zu vermitteln.

**Wähle das richtige** Spiel: Wähle ein Spiel, das für das Alter des Kindes geeignet ist und das ihm hilft, alltägliche Aktivitäten auf spielerische Weise zu verstehen.

Bereite das Material vor: Bereite alles Material vor, das du für das Spiel brauchst, z. B. Karten mit Bildern von täglichen Aktivitäten, Würfel, Spielfiguren usw.

**Erläuterung des** Spiels: Erkläre dem Kind, wie das Spiel funktioniert und was es tun muss. Verwende einfache Worte und Gesten, um ihm das Verständnis zu erleichtern.

**Spiele das Spiel**: Beginne gemeinsam mit dem Kind zu spielen. Achte darauf, dass das Spiel Spaß macht und dass das Kind Freude daran hat.

**Erkennen der täglichen Aktivitäten**: Ermutige dein Kind beim Spielen, die täglichen Aktivitäten auf den Karten oder in den verwendeten Materialien zu erkennen. Hilf ihm zu verstehen, was jede Tätigkeit bedeutet.

**Feedback und Ermutigung: Achte** darauf, dass du deinem Kind während des Spiels positives Feedback und Ermutigung gibst. Das wird ihm helfen, sich selbstbewusst und motiviert zu fühlen.

**Wiederhole** das Spiel: Wiederhole das Spiel mehrere Male, bis das Kind in der Lage ist, alltägliche Aktivitäten zu verstehen und selbstständig durchzuführen.

**Belohnung**: Belohne das Kind am Ende des Spiels mit einer kleinen Belohnung für seine Bemühungen und Fortschritte. Das wird ihm helfen, sich motiviert zu fühlen und weiter zu lernen.

## Wiederholungsübungen:

tägliche Aktivitäten regelmäßig wiederholen, damit das Kind die Routine verinnerlichen kann.

## Übungen für den Übergang:

Bereite das Kind auf die Übergänge zwischen den Aktivitäten vor, z. B. indem du es vor dem Wechsel der Aktivitäten warnst.

**Wähle die nächste Aktivität**: Entscheide im Voraus, welche Aktivitäten du mit dem Kind in welcher Reihenfolge machen willst.

**Warne das Kind**: Gib dem Kind eine Warnung von mindestens 5 Minuten, bevor du zu einer anderen Aktivität übergehst. Zum Beispiel: "Siehst du den Timer? Wenn er klingelt, sind wir bereit für das nächste Spiel."

Verwende visuelle Signale: Verwende visuelle Signale wie Schilder oder Zeichnungen, damit das Kind versteht, welche Aktivität gleich beginnen wird. Zeige zum Beispiel eine Zeichnung eines Buches, um anzuzeigen, dass es Zeit zum Lesen ist.

**Countdown**: Mache einen Countdown, damit dein Kind weiß, wann es Zeit ist, die Aktivitäten zu wechseln. Zum Beispiel: "3, 2, 1, Zeit, das Spielzeug wegzulegen und das Buch zu holen".

**Bestätige den erfolgreichen** Übergang: Bestätige den erfolgreichen Übergang mit einem positiven Kommentar oder einer Handlung wie einem Lächeln oder einem Schulterklopfen. Zum Beispiel: "Gut gemacht! Wir sind jetzt bereit zu lesen."

**Übergänge lustig gestalten**: Gestalte die Übergänge lustig mit Liedern oder Tänzen, um die Erfahrung für das Kind angenehmer zu machen.

Regelmäßig **wiederholen**: Wiederhole diese Schritte regelmäßig, um deinem Kind die Übergänge auf spielerische Weise beizubringen und den Tagesablauf einfacher und berechenbarer zu machen.

## Musik verwenden:

Musik einsetzen, um den Zeitpunkt für den Beginn oder das Ende einer Aktivität zu signalisieren.

## Verbalisierungsübungen:

Dem Kind helfen, die täglichen Aktivitäten und ihre Reihenfolge zu verbalisieren.

**Vorbereitung**: Bereite eine Liste mit täglichen Aktivitäten vor, wie z.B. sich anziehen, frühstücken, zur Schule gehen, spielen, Hausaufgaben machen, zu Abend essen, etc.

**Einführung**: Führe das Kind in die Verbalisierungsübung ein und erkläre ihm, dass es auf diese Weise spielerisch die Reihenfolge der täglichen Aktivitäten lernen kann.

**Auswahl der Aktivitäten**: Lass das Kind eine der Aktivitäten aus der Liste auswählen und bitte es, sie laut zu beschreiben.

**Verbalisierung**: Hilf dem Kind, die Beschreibung der Aktivität zu verbalisieren, indem du seine Sprache förderst und es bei Bedarf unterstützt.

**Details hinzufügen**: Bitte das Kind, den Ablauf der Aktivität genauer zu beschreiben, z. B. "Ich stehe auf, gehe ins Bad, putze meine Zähne und ziehe mich dann an".

**Organisation**: Bitte das Kind, die täglichen Aktivitäten, die es beschrieben hat, zu ordnen und die Reihenfolge zu beschreiben.

Wiederholen: Wiederhole die Übung mit verschiedenen täglichen Aktivitäten, um dem Kind zu helfen, die Fähigkeit zu entwickeln, seine täglichen Aktivitäten zu verbalisieren und zu organisieren.

Verstärken: Verstärke das Lernen des Kindes durch Spiele, praktische Aktivitäten und Belohnungen für den Erfolg bei der Verbalisierungsübung.

## Verstärkungen verwenden:

Verstärkung, wie z. B. Belohnungen, einsetzen, um das Kind zu motivieren, der Routine zu folgen.

## Tägliche Routineübungen:

Baue regelmäßige Aktivitäten in deine tägliche Routine ein, wie zum Beispiel das Zähneputzen vor dem Schlafengehen.

Dies sind nur ein paar Beispiele für Übungen zum Erlernen des Tagesablaufs. Es ist wichtig, mit einem Therapeuten oder Berater zusammenzuarbeiten, um ein maßgeschneidertes Routineprogramm zu entwickeln, das an die individuellen Bedürfnisse des Kindes angepasst ist. Mit der Zeit und etwas Übung wird das Kind mit Autismus die Fähigkeit entwickeln, den Tagesablauf zu verstehen und zu befolgen, was seine Lebensqualität verbessert.

# III. Sozialisierung und gesunde Beziehungen:

Autistische Kinder können aufgrund verschiedener Faktoren Schwierigkeiten haben, gesunde Beziehungen zu Gleichaltrigen aufzubauen. Hier sind einige der Hauptschwierigkeiten, denen sie begegnen können:

1. **Soziales Verständnis**: Autistische Kinder können Schwierigkeiten haben, soziale Normen und Erwartungen an das Verhalten in einer sozialen Situation zu verstehen.

2. **Kommunikation**: Autistische Kinder können Schwierigkeiten in der verbalen und nonverbalen Kommunikation haben, was es schwierig macht, gesunde Beziehungen zu anderen aufzubauen.

3. **Weltwahrnehmung**: Autistische Kinder können eine andere Wahrnehmung der Welt haben als ihre Altersgenossen, was es schwierig macht, mit ihnen in Kontakt zu treten.

4. **Starrheit**: Autistische Kinder können sehr starre Gewohnheiten und Routinen haben und sich gegen Veränderungen wehren, was die Anpassung an neue und andere soziale Situationen erschwert.

5. Sinnesempfindlichkeit: Autistische Kinder können eine abnorme Sinnesempfindlichkeit haben, die die soziale Interaktion in Situationen mit Lärm, Licht oder anderen Stimulationsquellen erschwert.

6. **Schwierigkeiten bei der** Emotionsregulierung: Autistische Kinder können Schwierigkeiten haben, ihre Emotionen zu regulieren, was zu unangemessenen oder intensiven Reaktionen in sozialen Situationen führt.

## III.I - Übungen zur Entwicklung sozialer Kompetenzen

### Handshake-Spiel:

dem Kind beibringen, wie man anderen zur Begrüßung die Hand gibt.

### Spiel "Nicht anfassen":

dem Kind beizubringen, den persönlichen Raum anderer zu respektieren und sie nicht ohne ihre Erlaubnis zu berühren.

### Emotionsspiel:

Verwende Masken oder Bilder, um dem Kind zu helfen, seine Gefühle zu erkennen und auszudrücken.

### Konversationsspiel:

dem Kind beibringen, Fragen zu stellen und ein Gespräch mit anderen zu führen.

### Radspiel:

Organisiere ein Spiel, bei dem das Kind um einen Kreis von Menschen herumgehen, sie begrüßen und kurze Gespräche führen muss.

## Präsentationsspiel:

Organisiere ein Spiel, bei dem sich jedes Kind seinen Spielkameraden vorstellen muss.

## Geschenkspiel:

dem Kind beibringen, einem Freund ein Geschenk zu machen, um seine Zuneigung zu zeigen.

## Entschuldigungsspiel:

dem Kind beibringen, sich zu entschuldigen, wenn es etwas falsch gemacht hat.

## Nachahmungsspiel:

dem Kind beibringen, die Handlungen und Ausdrücke anderer zu imitieren, um deren Gefühle zu verstehen.

## Entscheidungsspiel:

Organisiere ein Spiel, bei dem das Kind gemeinsam mit seinen Spielkameraden Entscheidungen treffen muss, damit es die Konsequenzen seines Handelns versteht.

# III.II - Techniken, die helfen, gesunde Beziehungen zu Gleichaltrigen aufzubauen

Techniken, die helfen, gesunde Beziehungen zu Gleichaltrigen aufzubauen, bestehen aus Strategien, die Menschen dabei helfen, positiv mit anderen zu interagieren, ihre sozialen Fähigkeiten zu entwickeln und ihre Fähigkeit zu verbessern, gesunde Beziehungen zu anderen aufzubauen und zu pflegen.

Hier ist eine Liste mit den 10 besten Techniken:

## Aktives Zuhören:

Aktives Zuhören ist eine Kommunikationstechnik, die darin besteht, der anderen Person während eines Gesprächs volle, bewusste und nicht wertende Aufmerksamkeit zu schenken. Diese Technik kann sehr nützlich sein, um einem autistischen Kind beizubringen, wie es gesunde Beziehungen zu Gleichaltrigen aufbauen kann.
Hier sind einige Tipps für aktives Zuhören mit einem autistischen Kind:

- **Versetz dich in seine Lage**: Versuche, die Sichtweise des Kindes zu verstehen und was ihm wichtig sein könnte.

- **Zeige Interesse**: Stelle offene Fragen und zeige, dass du wirklich an dem interessiert bist, was er zu sagen hat.

- **Sei präsent**: Achte auf sein nonverbales Verhalten, wie Körperhaltung und Körpersprache, um zu verstehen, wie er sich fühlt.

**- Wiederholen und zusammenfassen**: Wiederhole, was das Kind gesagt hat, um zu zeigen, dass du es verstanden hast und interessiert bist.

**- Vermeide es, zu unterbrechen**: Lass das Kind ausreden und antworte dann ruhig und respektvoll.
Die Anwendung dieser Technik kann dem Kind helfen, sich gehört und verstanden zu fühlen und eine Atmosphäre des Vertrauens und des Respekts im Gespräch zu schaffen. Auf diese Weise kann es gesündere soziale und Beziehungsfähigkeiten mit Gleichaltrigen entwickeln.

## Nonverbale Kommunikation:

Nonverbale Kommunikation ist für die Erziehung eines autistischen Kindes sehr wichtig, weil sie ihm helfen kann, gesunde Beziehungen zu Gleichaltrigen aufzubauen. Hier sind einige Techniken, um einem autistischen Kind nonverbale Kommunikation beizubringen:

**Es bringt dem Kind grundlegende Gesten bei**: wie man grüßt, "Danke" und "Entschuldigung" sagt. So lernt es die Grundlage für den Aufbau gesunder Beziehungen zu anderen Kindern.

**Es lehrt das Kind, wie wichtig Gesten der Empathie sind**: z. B. das andere Kind an der Schulter zu berühren oder ihm die Hand auf die Schulter zu legen, um Empathie zu zeigen. So kann das Kind gesunde Beziehungen zu Gleichaltrigen aufbauen.

**Es lehrt das Kind, wie wichtig es ist, Gefühle auszudrücken**: wie man Freude, Traurigkeit, Wut usw. ausdrückt. Das hilft dem Kind, seine Gefühle zu verstehen und auszudrücken und gesunde Beziehungen zu Gleichaltrigen aufzubauen.

**Mach** Nachahmungsübungen: Bitte dein Kind, einen Gesichtsausdruck oder eine Geste zu imitieren, z. B. ein Lächeln oder eine hochgezogene Augenbraue. Das hilft dem Kind, die nonverbale Kommunikation im Umgang mit Gleichaltrigen zu verstehen und zu nutzen.

Gruppenspiele: Organisiere Gruppenspiele, die deinem Kind helfen, nonverbale Kommunikation zu verstehen und gesunde Beziehungen zu Gleichaltrigen aufzubauen.

Es ist wichtig, dass diese Techniken geduldig und auf spielerische Weise vermittelt werden, damit das Kind sie leicht erlernen und in seinem Alltag anwenden kann.

## Einfühlungsvermögen:

Empathie ist eine Technik, bei der man sich in die Lage der anderen Person versetzt, um ihre Gefühle, Bedürfnisse und Gedanken zu verstehen. Um einem autistischen Kind beizubringen, wie es gesunde Beziehungen zu Gleichaltrigen aufbauen kann, muss es lernen, Empathie zu entwickeln.

Dafür ist es wichtig:

**Bringe das Kind in soziale Situationen**: Organisiere Gruppenspiele oder Aktivitäten, an denen andere Kinder beteiligt sind, und gib dem Kind die Möglichkeit, mit ihnen zu interagieren.

**Sie lehren, die Emotionen anderer zu erkennen**: Verwenden Sie Bücher, Spiele oder Videos, um dem Kind beizubringen, die Emotionen anderer zu erkennen und sie auszudrücken.

**Empathie entwickeln**: Ermutige das Kind, sich in die Lage anderer zu versetzen und über ihre Erfahrungen, Bedürfnisse und Gefühle nachzudenken.

**Vermittlung sozialer Regeln**: Dem Kind wird beigebracht, wie es sich in verschiedenen sozialen Situationen verhält, wie es andere grüßt, zuhört, teilt und respektiert.

**Förderung der Kommunikation**: Das Kind lernt Wörter und Sätze, um seine Gedanken und Bedürfnisse auszudrücken, und wie es anderen zuhören kann.
Diese Schritte werden dem autistischen Kind helfen, gesunde und sinnvolle Beziehungen zu Gleichaltrigen aufzubauen.

## Konfliktlösung:

Die Konfliktlösungstechnik besteht darin, dem autistischen Kind das Handwerkszeug zu vermitteln, um Konfliktsituationen auf friedliche und konstruktive Weise zu bewältigen. Dieser Prozess kann in einer Reihe von Schritten vermittelt werden:
**Identifizierung des Problems**: Das Kind muss ermutigt werden, das Problem zu identifizieren, das den Konflikt mit Gleichaltrigen verursacht hat.

**Empathie**: Es ist wichtig, dem Kind beizubringen, sich in die Sichtweise der anderen am Konflikt Beteiligten einzufühlen.

**Alternativvorschläge**: Hilf dem Kind, verschiedene Lösungen zu formulieren, um den Konflikt zu lösen.

**Wahl der angemessensten Lösung**: Das Kind muss ermutigt werden, die Lösung zu wählen, die es für die Lösung des Konflikts für am besten geeignet hält.

**Umsetzung der Lösung**: Das Kind muss dabei unterstützt werden, die gewählte Lösung umzusetzen.

**Bewertung der** Lösung: Nach der Umsetzung der Lösung muss das Kind ermutigt werden, die erzielten Ergebnisse zu bewerten und eventuelle Probleme zu korrigieren.

Diese Technik hilft dem autistischen Kind zu verstehen, wie wichtig es ist, gesunde Beziehungen zu Gleichaltrigen aufzubauen und mit Konfliktsituationen positiv umzugehen.

## Selbstvertrauen:

Die Technik des Selbstvertrauens besteht darin, ihm zu helfen, sein Selbstwertgefühl und seine Selbsterkenntnis zu verstehen und zu steigern, damit er sich in sozialen Beziehungen sicherer und wohler fühlen kann.

Dies kann durch verschiedene Aktivitäten geschehen, z.B. indem sie ermutigt werden, ihre Erfolge und Fähigkeiten anzuerkennen und zu feiern, indem Möglichkeiten geschaffen werden, soziale Erfolge zu erleben und indem Übungen zur Selbstbehauptung und Konfliktlösung durchgeführt werden.

Außerdem ist es wichtig, dass das Kind ermutigt wird, seine Gefühle auszudrücken und über seine Erfahrungen zu sprechen, damit es ein besseres Verständnis für seine eigenen Gefühle und die Gedanken anderer entwickeln kann.

Auf diese Weise lernt das Kind, mit Gleichaltrigen auf eine natürlichere und vertrauensvollere Art und Weise zu interagieren und gesunde und positive Beziehungen zu ihnen aufzubauen.

# Respekt:

Die Respect-Technik ist eine pädagogische Methode, die autistischen Kindern beibringen soll, gesunde Beziehungen zu Gleichaltrigen aufzubauen. Diese Technik basiert auf drei Grundprinzipien: Respekt, Verständnis und Kommunikation.
Erstens ist Respekt ein Schlüsselelement der Respect-Technik. Den Kindern wird beigebracht, sich selbst und anderen gegenüber respektvoll zu sein und ihre Meinungen und Gefühle zu respektieren. Dies trägt dazu bei, ein positives und sicheres Umfeld zu schaffen, in dem Kinder interagieren und gesunde Beziehungen zu Gleichaltrigen aufbauen können.
Verständnis ist ein weiteres wichtiges Element. Autistische Kinder müssen lernen, die Bedürfnisse anderer zu verstehen, sich in sie hineinzuversetzen und ihre Standpunkte zu verstehen. Das hilft ihnen, gesunde und respektvolle Beziehungen zu Gleichaltrigen aufzubauen.
Schließlich ist die Kommunikation ein wesentlicher Bestandteil der Respect-Technik. Den Kindern wird beigebracht, klar und prägnant zu kommunizieren, sich richtig auszudrücken und angemessen auf die Fragen anderer zu reagieren. Dies trägt dazu bei, ein offenes und transparentes Kommunikationsumfeld zu schaffen, in dem Kinder interagieren und gesunde Beziehungen zu Gleichaltrigen aufbauen können.
Zusammenfassend lässt sich sagen, dass autistische Kinder mit der Respect-Technik lernen, durch Respekt, Verständnis und Kommunikation gesunde Beziehungen zu Gleichaltrigen aufzubauen. Diese Technik hilft dabei, ein positives und sicheres Umfeld zu schaffen, in dem Kinder wachsen und gesunde und respektvolle Beziehungen zu Gleichaltrigen entwickeln können.

## Verstehen:

Die Understanding Technique ist eine pädagogische Methode, die darauf abzielt, die Fähigkeit zu entwickeln, andere zu verstehen und eine positive Beziehung zu ihnen aufzubauen. Diese Technik basiert auf dem Konzept, dass das autistische Kind lernen muss, die Gedanken, Gefühle und Absichten anderer zu verstehen, um gesunde Beziehungen zu Gleichaltrigen aufzubauen.
Um diese Technik zu unterrichten, kannst du die folgenden Schritte befolgen:

**Die Sprache der Gefühle lehren**: Der erste Schritt besteht darin, dem Kind beizubringen, seine eigenen Emotionen und die der anderen zu erkennen und zu benennen. Das hilft dem Kind, die Reaktionen anderer zu verstehen und besser mit ihnen umzugehen.

**Entwicklung eines sozialen Bewusstseins**: Das Kind muss lernen, die Bedürfnisse und Gefühle anderer zu berücksichtigen, um gesunde Beziehungen zu ihnen aufzubauen. Dies kann durch den Einsatz von Rollenspielen und Dramatisierungsübungen geschehen.

**Soziale Kommunikation lehren**: Das Kind muss lernen, effektiv mit anderen zu kommunizieren, indem es seine Stimme, seine Körpersprache und die richtigen Worte benutzt. Dies kann durch Konversations- und Sozialisationsübungen erreicht werden.

**Zusammenarbeit entwickeln**: Das Kind muss lernen, mit anderen zusammenzuarbeiten und verstehen, wie wichtig es ist, zusammenzuarbeiten, um ein gemeinsames Ziel zu erreichen. Dies kann durch Gruppenaktivitäten und Teamspiele erreicht werden.

Im Allgemeinen erfordert die Technik des Verstehens ständiges Engagement und ein geduldiges Verständnis für die Bedürfnisse des autistischen Kindes. Mit Zeit und Engagement wird diese Technik dem Kind helfen, gesunde und positive Beziehungen zu Gleichaltrigen aufzubauen und die Qualität seines sozialen und emotionalen Lebens zu verbessern.

## Emotionsregulierung:

Die Emotionsregulierungstechnik ist eine Methode, die Kindern mit Autismus hilft, ihre Gefühle zu verstehen und zu bewältigen. Der erste Schritt besteht darin, dem Kind beizubringen, seine Stimmungen zu erkennen. Dies kann mit Hilfe von Bildern, Worten und Aktivitäten geschehen, die die verschiedenen Emotionen beschreiben.

Anschließend wird das Kind ermutigt, gesunde Strategien zur Bewältigung seiner Emotionen anzuwenden, wie zum Beispiel tiefes Atmen, Meditation oder die Vorstellung eines ruhigen Ortes.

Schließlich wird an der Fähigkeit gearbeitet, gesunde Beziehungen zu Gleichaltrigen aufzubauen, indem das Kind lernt, die Emotionen anderer zu erkennen und angemessen zu handeln. Dies kann durch Rollenspiele, Diskussionen und die Überwachung des Verhaltens des Kindes bei sozialen Interaktionen geschehen.

Es ist wichtig zu betonen, dass die Emotionsregulierung kontinuierliche Bemühungen und regelmäßige Übung erfordert, um die gewünschten Ergebnisse zu erzielen. Wenn sie jedoch richtig angewendet wird, kann sie einen großen positiven Einfluss auf das Leben des autistischen Kindes haben und ihm helfen, gesunde Beziehungen zu Gleichaltrigen aufzubauen.

## Kollaboration:

Die Kollaborationstechnik ist eine Unterrichtsmethode, die auf der Zusammenarbeit und dem Austausch zwischen Lehrkraft und Kind basiert. Um einem autistischen Kind beizubringen, wie es gesunde Beziehungen zu Gleichaltrigen aufbaut, sollte die Lehrkraft diese Technik anwenden, um eine sichere und einladende Umgebung zu schaffen, in der sich das Kind wohlfühlt und die Welt um sich herum erkunden kann.

Erstens sollte die Lehrkraft eine vertrauens- und respektvolle Beziehung zu dem Kind aufbauen, um ein Umfeld zu schaffen, in dem es sich verstanden und wertgeschätzt fühlt. Das lässt sich erreichen, indem man das Kind genau beobachtet, seine Bedürfnisse und Stärken versteht und Aktivitäten entwickelt, die auf seine Fähigkeiten und Bedürfnisse abgestimmt sind.

Zweitens sollte die Lehrkraft das Kind dazu ermutigen, mit Gleichaltrigen zu interagieren, indem sie Gespräche und gemeinsame Aktivitäten fördert. Dies kann durch Spiele und Aktivitäten geschehen, die das Kind und seine Mitschüler/innen einbeziehen, wie z. B. ein gemeinsames Puzzle oder ein Teamspiel.

Drittens sollte die Lehrkraft dem Kind soziale Fähigkeiten beibringen, wie z. B. aktives Zuhören, angemessenes Reagieren auf Fragen und die Fähigkeit, seine Gedanken und Gefühle angemessen auszudrücken. Dies kann durch den Einsatz sozialer Modelle und konkreter Beispiele sowie durch das Üben sozialer Fähigkeiten in realen sozialen Situationen geschehen.

Zusammenfassend lässt sich sagen, dass die Kollaborationstechnik eine wirksame Methode ist, um einem autistischen Kind beizubringen, wie es gesunde Beziehungen zu Gleichaltrigen aufbauen kann. Sie schafft eine sichere und einladende Umgebung, in der das Kind die Welt um sich herum erkunden und die sozialen

Fähigkeiten entwickeln kann, die es braucht, um mit Gleichaltrigen zu interagieren.

## Problemlösung:

Die Problemlösungstechnik, mit der du einem autistischen Kind beibringst, wie es gesunde Beziehungen zu Gleichaltrigen aufbaut, besteht aus den folgenden Schritten:

**Identifizierung des Problems**: Der erste Schritt besteht darin, das spezifische Problem zu erkennen und zu identifizieren, das das autistische Kind daran hindert, gesunde Beziehungen zu Gleichaltrigen aufzubauen. Das kann mit bestimmten Verhaltensweisen oder Handlungen zusammenhängen oder mit einem Mangel an sozialen Fähigkeiten.

**Sammeln von Informationen**: Der nächste Schritt besteht darin, Informationen über das Problem zu sammeln und darüber, wie die Gleichaltrigen des Kindes darauf reagieren. Dies kann durch direkte Beobachtung oder Gespräche mit Gleichaltrigen oder Lehrern geschehen.

**Lösungsfindung**: Sobald das Problem erkannt und die notwendigen Informationen gesammelt wurden, geht es an die Lösungsfindung. In dieser Phase machen wir ein Brainstorming über mögliche Lösungen und wählen die aus, die für das autistische Kind am besten geeignet sind.

**Auswahl der Lösung**: Nachdem du mehrere Lösungen entwickelt hast, wähle diejenige aus, die dem Kind und der jeweiligen Situation am besten zu entsprechen scheint. Dies kann ein Gespräch mit dem Kind oder einer Fachkraft erfordern, um die beste Lösung zu finden.

**Umsetzung**: Wenn eine Lösung gewählt wurde, ist der nächste Schritt die Umsetzung. Dies kann die Unterstützung der Lehrkraft oder einer Fachkraft erfordern, die dem autistischen Kind hilft, die gewählte Lösung umzusetzen.

**Überwachung**: Schließlich ist es wichtig, die Ergebnisse der umgesetzten Lösung zu überwachen und zu beurteilen, ob Änderungen vorgenommen werden müssen oder ein anderer Weg eingeschlagen werden sollte. So wird sichergestellt, dass das Kind weiterhin Fortschritte macht und gesunde Beziehungen zu Gleichaltrigen entwickelt.

# IV. Soziale Regeln:

## IV.I - Übungen zum Verständnis sozialer Regeln

Übungen zum Verständnis sozialer Regeln bestehen aus Aktivitäten, die dem autistischen Kind helfen, soziale Normen zu verstehen und zu respektieren, z. B. den persönlichen Raum zu respektieren, mit Emotionen umzugehen, die Sprache angemessen zu verwenden und mit anderen zu interagieren. Hier ist eine Liste mit 10 Übungen zum Verstehen sozialer Regeln:

### Spielregeln:

Das Regelspiel besteht darin, einem autistischen Kind durch spielerische Aktivitäten beizubringen, soziale Regeln zu verstehen und einzuhalten. Dieses Spiel kann ein effektiver und unterhaltsamer Weg sein, um dem Kind zu helfen, zu verstehen, wie es sich in bestimmten sozialen Situationen verhalten soll.
Das Spiel besteht aus mehreren Phasen:

**Einführung der Regeln**: Die Lehrkraft oder eine Fachkraft stellt die sozialen Regeln, die das Kind lernen muss, mit einfachen Worten und Bildern vor, damit es sie versteht.

**Spiel**: Das Kind nimmt an lustigen Aktivitäten teil, bei denen es die vorgestellten Regeln befolgen muss. Das kann zum Beispiel ein Brettspiel wie Memory oder Monopoly sein, bei dem das Kind die Regeln des Spiels befolgen muss, um zu gewinnen.

**Feedback**: Während des Spiels gibt die Lehrkraft oder eine Fachkraft dem Kind ein Feedback zu seinem Verhalten, indem sie es ermutigt, die Regeln zu befolgen, und ihm Beispiele dafür gibt, wie es das tun kann.

**Wiederholung**: Das Regelspiel sollte mehrmals wiederholt werden, damit das Kind das Gelernte festigen und sein Verständnis für soziale Regeln erweitern kann.

**Anwendung im realen Leben: Sobald** das Kind die sozialen Regeln im Spiel verstanden hat, ist es wichtig, es zu ermutigen, das Gelernte im realen Leben anzuwenden, indem es seine neuen sozialen Fähigkeiten in verschiedenen Situationen übt.

Auf diese Weise kann das Regelspiel eine wirksame Methode sein, um einem autistischen Kind zu helfen, soziale Regeln zu verstehen und zu respektieren, so dass es ihm leichter fällt, mit Gleichaltrigen zu interagieren und gesunde Beziehungen aufzubauen.

## Emotionsmanagement-Spiel:

Das Emotionsmanagement-Spiel besteht aus einer spielerischen Aktivität, die autistischen Kindern hilft, ihre Emotionen und sozialen Regeln zu verstehen und zu steuern. Dieses Spiel wird wie folgt gespielt:

Vorbereitung: Der erste Schritt besteht darin, das Spiel vorzubereiten. Dazu kann es gehören, Karten mit verschiedenen Emotionen zu erstellen oder Bilder oder Wörter auszuwählen, die verschiedene soziale Situationen darstellen.

**Einführung**: Der nächste Schritt besteht darin, das autistische Kind in das Spiel einzuführen und ihm zu erklären, dass es darum geht, spielerisch zu lernen, mit Emotionen und sozialen Regeln umzugehen.

Spiel: Während des Spiels zieht das Kind eine Karte oder wählt ein Bild, das eine soziale Situation darstellt. Die Situation wird dann besprochen und das Kind wird aufgefordert, seine Meinung dazu zu sagen, wie es sich in dieser Situation fühlen könnte.

Diskussion: Während der Diskussion wird das Kind aufgefordert, die Emotionen, die es in dieser Situation empfinden könnte, zu benennen und zu beschreiben und Vorschläge zu machen, wie es mit ihnen umgehen könnte. Das hilft dem Kind zu verstehen, wie Emotionen das Verhalten beeinflussen und Fähigkeiten zum Emotionsmanagement zu entwickeln.

**Bewertung**: Am Ende des Spiels können die Fortschritte des Kindes beim Verstehen und Managen von Emotionen und sozialen Regeln bewertet werden. Dies kann im Gespräch oder durch direkte Beobachtung des Verhaltens des Kindes geschehen.

Das Emotionsmanagement-Spiel ist eine unterhaltsame und interaktive Aktivität, die autistischen Kindern hilft, soziale Regeln zu lernen und ihre Emotionen angemessen zu steuern. Dieses Spiel kann an die Bedürfnisse des Kindes angepasst werden und kann wiederholt werden, um die erworbenen Fähigkeiten zu festigen.

## Spiel zur verbalen Kommunikation:

Das Verbal Communication Game ist eine spielerische Aktivität, die darin besteht, dem autistischen Kind die Fähigkeit zu vermitteln, soziale Regeln zu verstehen. Diese

Technik nutzt das Spiel als Werkzeug, um komplexe Konzepte wie Konfliktmanagement, Problemlösung und das Verständnis sozialer Regeln zu vermitteln. So wird es gemacht:

**Vorbereitung**: Bereite einen geeigneten Raum oder Platz zum Spielen vor, mit allen notwendigen Werkzeugen und Materialien. Außerdem ist es wichtig, dass das autistische Kind ein Grundverständnis für die Spielregeln und den Zweck des Spiels hat.

**Spielregeln**: Lege die Spielregeln für das autistische Kind fest und erkläre sie ihm. Diese Regeln sollten einfach und leicht verständlich, aber auch streng sein, um ein ausgewogenes und sicheres Spielerlebnis zu gewährleisten.

**Ablauf des Spiels**: Während des Spiels muss das autistische Kind die Regeln verstehen und befolgen. Bei einem Verstoß wird das Spiel unterbrochen und wir besprechen gemeinsam, was falsch gelaufen ist und wie das Verhalten korrigiert werden kann.

**Feedback**: Am Ende des Spiels ist es wichtig, dem autistischen Kind eine Rückmeldung über seine Leistung und die Bereiche zu geben, in denen es sich verbessern kann. Das hilft dem Kind, die Regeln besser zu verstehen und sich an soziale Situationen anzupassen.

**Wiederholen**: Wiederhole das Spiel immer wieder, mit immer mehr Herausforderungen und komplexen Regeln, bis das autistische Kind die sozialen Regeln versteht und effektiv befolgt.
Dieses Spiel hilft dem autistischen Kind, soziale Regeln in einer sicheren Umgebung zu verstehen und zu befolgen und bereitet es so allmählich auf komplexere soziale Situationen im echten Leben vor.

# Respektiere den persönlichen Raum:

Das "Personal Space Respect Game" ist eine pädagogische Technik, bei der ein autistisches Kind lernt, die sozialen Regeln in Bezug auf die Achtung des persönlichen Raums zu verstehen, d.h. des physischen Raums, den jeder um sich herum braucht, um sich wohlzufühlen. Dieses Spiel besteht aus den folgenden Schritten:

**Definition des persönlichen Raums**: Der erste Schritt besteht darin, zu definieren, was ein persönlicher Raum ist. Dem Kind wird geholfen zu verstehen, dass jeder Mensch einen eigenen persönlichen Raum hat, der respektiert werden muss.

**Zeichnen einer Begrenzungslinie**: Der nächste Schritt besteht darin, eine Linie zu zeichnen, die den persönlichen Bereich jedes Spielers abgrenzt. Diese Linie soll dem Kind helfen, visuell zu verstehen, was sein persönlicher Raum ist.

Spiel: Während des Spiels bewegen sich die Kinder in ihrem persönlichen Raum und interagieren miteinander. Wenn ein Kind in den persönlichen Raum eines anderen eindringt, wird dies bemerkt und das eindringende Kind wird aufgefordert, den persönlichen Raum des anderen zu respektieren.

**Feedback**: Nach dem Spiel erhalten die Kinder eine Rückmeldung über ihr Verhalten und ihre Handlungen. Das hilft dem autistischen Kind, soziale Regeln in Bezug auf den persönlichen Raum besser zu verstehen und sie im Alltag umzusetzen.
Wiederholung: Das Spiel wird regelmäßig wiederholt, um dem Kind zu helfen, die sozialen Regeln in Bezug auf den

persönlichen Raum zu verinnerlichen. So wird sichergestellt, dass das Kind weitere Fortschritte macht und die sozialen Regeln immer besser versteht.

Das Personal Space Respect Game ist eine lustige und interaktive Methode, um autistischen Kindern dabei zu helfen, soziale Regeln zu verstehen und soziale Fähigkeiten zu entwickeln. Das Spiel kann im Klassenzimmer oder zu Hause mit Freunden und der Familie gespielt werden und ist eine leicht zugängliche und unterhaltsame Methode, um deinem Kind zu helfen, Fortschritte zu machen.

## Spiel teilen:

Das Sharing Game ist eine spielerische Aktivität, die einem autistischen Kind helfen soll, soziale Regeln zu verstehen. Die Technik umfasst die folgenden Schritte:

**Vorbereitung**: Der erste Schritt besteht darin, die notwendigen Materialien für das Spiel vorzubereiten, z. B. Brettspiele oder Puzzles, und die Spielregeln festzulegen.
**Durchführung des Spiels**: Das Spiel wird mit dem autistischen Kind und einem anderen Gleichaltrigen oder Erwachsenen, der als Spielkamerad fungiert, durchgeführt. Während des Spiels hat das autistische Kind die Möglichkeit, das Sozialverhalten des Spielpartners zu beobachten und zu imitieren, einschließlich der Einhaltung der Spielregeln.

**Positives** Feedback: Während des Spiels gibt der Spielkamerad dem autistischen Kind immer dann ein positives Feedback, wenn es zeigt, dass es die Spielregeln verstanden hat und sie einhält. Das hilft dabei, korrektes

Verhalten zu verstärken und das Kind zu ermutigen, weiterzuspielen.

**Wiederholung**: Das Sharing Game wird mehrmals wiederholt, um dem autistischen Kind zu helfen, die neu erworbenen sozialen Fähigkeiten zu festigen und sich der sozialen Regeln bewusst zu werden.

Das Sharing Game ist eine unterhaltsame und interaktive Methode, um autistischen Kindern beizubringen, soziale Regeln zu verstehen und zu respektieren, die für die Entwicklung gesunder und positiver Beziehungen zu Gleichaltrigen und anderen Mitgliedern der Gemeinschaft grundlegend sind.

## Spiel zum Respektieren der Meinung anderer:

Das Spiel "Respekt für die Meinung anderer" besteht aus einer spielerischen Aktivität, die einem autistischen Kind helfen soll, die sozialen Regeln für den Respekt vor der Meinung anderer zu verstehen. Die Technik umfasst die folgenden Schritte:

**Vorbereitung**: Der erste Schritt besteht darin, das nötige Material für das Spiel vorzubereiten, z. B. Karten mit offenen Fragen oder geführte Diskussionen zu Themen von gemeinsamem Interesse.

**Durchführung des Spiels**: Das Spiel wird mit dem autistischen Kind und einem anderen Gleichaltrigen oder Erwachsenen, der als Spielkamerad fungiert, durchgeführt. Während des Spiels hat das autistische Kind die Möglichkeit, seine eigene Meinung zu äußern und anderen zuzuhören und auch andere Meinungen zu respektieren.

**Positives** Feedback: Während des Spiels gibt der Spielkamerad dem autistischen Kind immer dann ein positives Feedback, wenn es Verständnis und Respekt für die Meinung der anderen zeigt. Das hilft, richtiges Verhalten zu verstärken und das Kind zu ermutigen, es weiter zu üben.

**Wiederholung**: Das Spiel, bei dem es darum geht, die Meinung anderer zu respektieren, wird mehrmals wiederholt, um dem autistischen Kind zu helfen, die neu erworbenen sozialen Fähigkeiten zu festigen und sich der sozialen Regeln bezüglich des Respekts vor der Meinung anderer zunehmend bewusst zu werden.

Das Spiel, bei dem es darum geht, die Meinung anderer zu respektieren, ist eine unterhaltsame und interaktive Möglichkeit, autistischen Kindern beizubringen, die Meinung anderer zu verstehen und zu respektieren, was grundlegend für die Entwicklung gesunder und positiver Beziehungen zu Gleichaltrigen und anderen Mitgliedern der Gemeinschaft ist.

## Wort-Respekt-Spiel:

Das Word Respect Game ist eine spielerische Aktivität, die autistischen Kindern beibringen soll, soziale Regeln für den Gebrauch von Sprache zu verstehen und zu respektieren. Die Technik umfasst die folgenden Schritte:

**Festlegen der Regeln**: Der erste Schritt besteht darin, die Spielregeln festzulegen, die einfach und für das autistische Kind verständlich sein müssen. Diese Regeln können den angemessenen Gebrauch von Sprache, das Vermeiden von Schimpfwörtern oder Beleidigungen, das Respektieren der Meinung anderer usw. beinhalten.

**Durchführung des Spiels**: Das Spiel wird mit dem autistischen Kind und einem anderen Gleichaltrigen oder Erwachsenen, der als Spielkamerad fungiert, durchgeführt. Während des Spiels müssen die Spieler/innen die Sprache angemessen verwenden und die festgelegten Regeln einhalten.

**Positives** Feedback: Während des Spiels gibt der Spielpartner dem autistischen Kind immer dann ein positives Feedback, wenn es zeigt, dass es die Spielregeln in Bezug auf den Sprachgebrauch verstanden und befolgt hat. Das hilft, das richtige Verhalten zu verstärken und das Kind zu ermutigen, es weiter zu üben.

**Wiederholung**: Das Wort-Respekt-Spiel wird mehrmals wiederholt, um dem autistischen Kind zu helfen, die neu erworbenen sozialen Fähigkeiten zu festigen und sich der Regeln im Umgang mit der Sprache immer bewusster zu werden.

Das Word Respect Game ist eine unterhaltsame und interaktive Methode, um autistischen Kindern beizubringen, wie sie soziale Regeln in Bezug auf den Sprachgebrauch verstehen und respektieren können, die für die Entwicklung gesunder und positiver Beziehungen zu Gleichaltrigen und anderen Mitgliedern der Gemeinschaft grundlegend sind.

## Soziales Reaktionsspiel:

Das Social Response Game ist eine pädagogische Aktivität, die Kindern mit Autismus helfen soll, soziale Regeln zu verstehen und zu respektieren. Das Spiel lehrt das Kind, in bestimmten sozialen Situationen angemessen zu reagieren und die Konsequenzen seines Handelns vorherzusehen.

Das Spiel basiert auf der Darstellung alltäglicher sozialer Situationen, wie z. B. einen Freund zu treffen, jemanden zu begrüßen, an einem Gespräch teilzunehmen und so weiter. Das Kind wird mit verschiedenen Antwortmöglichkeiten konfrontiert und muss sich für die am besten geeignete entscheiden. Der Therapeut oder Erzieher, der das Spiel leitet, hilft dem Kind, die Beweggründe und Konsequenzen der verschiedenen Reaktionsmöglichkeiten zu verstehen.

Das Ziel des Social Response Game ist es, dem Kind zu helfen, soziale Normen und kulturelle Erwartungen zu verstehen und angemessene soziale und kommunikative Fähigkeiten zu entwickeln. Diese Aktivität kann an die spezifischen Bedürfnisse des Kindes angepasst und mit anderen therapeutischen Maßnahmen kombiniert werden, um die besten Ergebnisse zu erzielen.

Zusammenfassend lässt sich sagen, dass das Social Response Game ein effektives Mittel ist, um Kindern mit Autismus zu helfen, soziale Regeln zu verstehen und zu respektieren, ihre sozialen Fähigkeiten zu entwickeln und ihre Fähigkeit, mit anderen zu kommunizieren, zu verbessern.

## Erfolgsteilungsspiel:

Das "Success Sharing Game" ist eine Strategie, mit der autistischen Kindern soziale Regeln beigebracht werden können. Bei dem Spiel geht es darum, erfolgreiche Situationen oder gutes Verhalten zu erkennen und sie mit dem Kind zu teilen. Das Spiel kann zum Beispiel damit beginnen, dass ein Erwachsener eine Situation beschreibt, in der er etwas Positives getan hat, z. B. jemandem geholfen hat oder nett zu einem Freund war. Das Kind wird dann gebeten, eine ähnliche Situation zu erzählen, in der es sich gut verhalten oder jemandem geholfen hat.

Das Ziel ist es, dem Kind beizubringen, soziale Regeln und Verhaltenserwartungen zu erkennen, indem es Erfolge teilt und feiert. Das Spiel trägt auch zur Entwicklung der sozialen Beziehungsfähigkeit des Kindes bei, indem es sein Verständnis für Regeln und soziale Erwartungen verbessert. Außerdem ermutigt es das Kind, sich auf Erfolge zu konzentrieren und eine positivere Selbstwahrnehmung zu entwickeln.

## Konfliktlösungsspiel:

Das Konfliktlösungsspiel ist eine Spielaktivität, die autistischen Kindern helfen soll, soziale Regeln zu verstehen. Das Spiel besteht darin, Alltagssituationen zu simulieren, die zu Konflikten oder Streitigkeiten führen können, wie z.B. ein Streit um den Besitz eines Spielzeugs oder ein Streit darüber, wer auf einem bestimmten Platz sitzen sollte.

Das autistische Kind und ein Erwachsener oder Gleichaltriger spielen die in den Konflikt verwickelten Figuren und versuchen gemeinsam, eine friedliche Lösung zu finden, die die sozialen Regeln respektiert. Während des Spiels hat das Kind die Möglichkeit, soziale Situationen zu erleben und zu lernen, wie man Konflikte konstruktiv und friedlich austrägt.

Außerdem leitet der Erwachsene oder Gleichaltrige das autistische Kind beim Erlernen sozialer Regeln an, wie z.B. die Rechte anderer zu respektieren, effektiv zu kommunizieren und Probleme gemeinsam zu lösen.

Das Konfliktlösungsspiel ist eine unterhaltsame und interaktive Methode, die autistischen Kindern hilft, soziale Regeln im Alltag zu verstehen und anzuwenden.

# IV.II - Strategien, die dem Kind helfen, die Regeln zu respektieren

Strategien, die dem Kind helfen, sich an die Regeln zu halten, bestehen darin, eine strukturierte und vorhersehbare Umgebung zu schaffen, dem Kind eine klare und verständliche Auslegung der Regeln zu geben und wirksame Methoden anzuwenden, die dem Kind helfen, die Regeln zu verstehen und einzuhalten. Hier sind einige Strategien, die angewendet werden können:

## Eine strukturierte Umgebung schaffen:

Die Strategie der Schaffung einer strukturierten Umgebung besteht darin, eine Umgebung zu entwickeln, die dem autistischen Kind eine klare und vorhersehbare Struktur bietet, damit es sich an die Regeln halten kann. Diese Strategie umfasst die folgenden Schritte:

**Definition der Regeln**: Der erste Schritt besteht darin, die Regeln festzulegen, die in der strukturierten Umgebung eingehalten werden müssen. Diese Regeln müssen einfach und für das autistische Kind verständlich sein.

**Eine strukturierte Umgebung schaffen**: Der zweite Schritt besteht darin, eine strukturierte Umgebung zu schaffen, die organisiert und vorhersehbar sein muss.

Dazu gehört auch die Verwendung von visuellen Hinweisen wie Bildern oder Symbolen, um die Regeln darzustellen.

**Durchführung von Aktivitäten**: Der dritte Schritt besteht in der Ausführung von Aktivitäten innerhalb der strukturierten Umgebung, wobei das autistische Kind die festgelegten Regeln einhalten muss.

**Positives Feedback**: Während der Aktivitäten gibt der verantwortliche Erwachsene dem autistischen Kind ein positives Feedback, wenn es sich an die Regeln hält. Das hilft, korrektes Verhalten zu verstärken und das Kind zu ermutigen, die Regeln weiterhin zu befolgen.

**Wiederholung**: Die Strategie, eine strukturierte Umgebung zu schaffen, wird mehrmals wiederholt, um dem autistischen Kind zu helfen, neu erworbene Fähigkeiten zu festigen und sich der Einhaltung von Regeln zunehmend bewusst zu werden.

Die Schaffung einer strukturierten Umgebung ist eine sehr nützliche Strategie, um einem autistischen Kind beizubringen, wie man Regeln einhält, denn sie bietet einen organisierten und vorhersehbaren Rahmen, der es dem Kind erleichtert, die Regeln zu verstehen und einzuhalten. Das wiederum trägt dazu bei, seine Autonomie und seine Fähigkeit zu entwickeln, sich an neue Situationen anzupassen und gesunde, positive Beziehungen zu anderen aufzubauen.

## Klare Definition der Regeln:

Die Strategie der klaren Regeldefinition besteht aus einer Methode, mit der ein autistisches Kind lernen kann, Regeln sowohl in der Schule als auch zu Hause einzuhalten. Die Technik umfasst die folgenden Schritte:

**Festlegen der Regeln**: Der erste Schritt besteht darin, die Regeln festzulegen, an die sich das Kind halten muss. Diese Regeln müssen einfach und verständlich sein und mit den Erwartungen der Umgebung des Kindes übereinstimmen.

**Vermittlung von Regeln**: Die Regeln werden dem Kind klar und deutlich in einer einfachen, leicht verständlichen Sprache mitgeteilt. Es ist wichtig, dass das Kind die Regeln vollständig versteht und dass sie mehrmals wiederholt werden, um Verwirrung zu vermeiden.

**Positive und negative Konsequenzen**: Positive und negative Konsequenzen für das Befolgen oder Brechen der Regeln müssen klar und konsequent sein. Eine positive Konsequenz kann zum Beispiel eine verbale Anerkennung oder eine Auszeichnung sein, während eine negative Konsequenz der Verlust eines Privilegs sein kann.

**Umsetzung der Regeln**: Sobald die Regeln festgelegt und dem Kind mitgeteilt wurden, ist es wichtig, dass sie konsequent und konsequent umgesetzt werden. Das Kind muss wissen, dass die Regeln wichtig sind und dass sie eingehalten werden.

**Positives** Feedback: Es ist wichtig, dem Kind ein positives Feedback zu geben, wenn es sich an die Regeln hält. Das ermutigt das Kind, sich weiterhin an die Regeln zu halten und eine positive Einstellung zu ihnen zu entwickeln.

Die Strategie, klare Regeln aufzustellen, ist eine wirksame Methode, um einem autistischen Kind beizubringen, sich an Regeln zu halten, Verantwortung zu übernehmen und sich der Konsequenzen seines Handelns bewusst zu werden. Das hilft, ein sicheres und berechenbares Umfeld für das Kind zu schaffen, in dem es sich entfalten und seine sozialen und adaptiven Fähigkeiten entwickeln kann.

## Positive Verhaltensverstärkung:

Die Strategie der positiven Verhaltensverstärkung besteht darin, das autistische Kind zu belohnen und zu ermutigen, wenn es sich an die Regeln hält. Die Technik umfasst die folgenden Schritte:

**Festlegen der Regeln**: Der erste Schritt besteht darin, die Regeln festzulegen, an die sich das Kind halten muss. Diese Regeln müssen einfach und für das autistische Kind verständlich sein.

**Anerkennung von positivem Verhalten**: Der zweite Schritt besteht darin, das Kind anzuerkennen und zu belohnen, wenn es sich an die festgelegten Regeln hält. Das kann durch verbales Lob, Lächeln, Umarmungen usw. geschehen.

**Kontinuität**: Die Strategie der positiven Verhaltensverstärkung muss im Laufe der Zeit fortgesetzt werden, damit das Kind die neu erworbenen Fähigkeiten festigen und sich der Regeln immer bewusster werden kann.

**Wiederholung**: Die Strategie der positiven Verhaltensbeschleunigung muss jedes Mal wiederholt werden, wenn das Kind verschiedene Regeln oder Situationen einhalten muss.

Die Strategie der positiven Verhaltensverstärkung ist eine wirksame Methode, um autistischen Kindern beizubringen, Regeln zu respektieren, da sie korrektes Verhalten belohnt und fördert. Dies hilft, positives Verhalten zu verstärken und eine Einstellung zu entwickeln, die die Einhaltung von Regeln fördert.

## Positive Modelle:

Die Strategie der positiven Vorbilder besteht darin, dem autistischen Kind positive Beispiele für regelkonformes Verhalten zu geben, damit es deren Bedeutung versteht und sie als Teil seiner eigenen Handlungsweise übernimmt. Diese Strategie umfasst die folgenden Schritte:

**Identifizierung von positiven Vorbildern**: Der erste Schritt besteht darin, Menschen zu finden, die für das autistische Kind ein positives Vorbild sind, wie z. B. Lehrer/innen, Eltern, ältere Geschwister usw.

**Beobachtung von positiven Vorbildern**: Das autistische Kind wird ermutigt, das Verhalten dieser positiven Vorbilder zu beobachten und sich darauf zu konzentrieren, wie sie die Regeln in verschiedenen Situationen einhalten.

**Nachahmung von positiven Vorbildern**: Das Kind wird ermutigt, positive Vorbilder zu imitieren und zu versuchen, die Regeln so zu befolgen wie sie.

**Positives Feedback:** Während des Nachahmungsprozesses erhält das Kind jedes Mal ein positives Feedback, wenn es zeigt, dass es die Regeln verstanden und eingehalten hat, was es ermutigt, dieses Verhalten weiterhin zu üben.

**Wiederholung**: Diese Strategie wird mehrmals wiederholt, um dem autistischen Kind zu helfen, die neu erworbenen Fähigkeiten zu festigen und sich der Regeln immer bewusster zu werden.

Die Strategie der positiven Vorbilder ist eine wirksame Methode, um dem autistischen Kind beizubringen, Regeln zu respektieren, da es dadurch ein konkretes und positives Verhaltensbeispiel erhält, das es nachahmen kann. Außerdem ermutigt diese Strategie das Kind, eine positive soziale Identität zu entwickeln, was sein Selbstwertgefühl und seine Fähigkeit, gesunde Beziehungen zu Gleichaltrigen aufzubauen, stärkt.

## Konsistenz:

Die Konsistenzstrategie ist eine wirksame Methode, um einem autistischen Kind beizubringen, Regeln einzuhalten. Die Technik besteht aus den folgenden Schritten:
**Festlegen der Regeln**: Der erste Schritt besteht darin, die Regeln, an die sich das Kind halten muss, klar und deutlich zu definieren. Diese Regeln müssen einfach und für das autistische Kind verständlich sein.

**Definierte Konsequenzen**: Der zweite Schritt besteht darin, die Konsequenzen festzulegen, die dem Kind drohen, wenn es sich nicht an die Regeln hält. Diese Konsequenzen müssen in einem angemessenen Verhältnis zu dem begangenen Vergehen stehen und dem Kind immer klar und deutlich mitgeteilt werden.

**Konsequente Anwendung**: Der Schlüssel zum Erfolg der Konsequenzstrategie ist die konsequente Anwendung von Regeln und Konsequenzen. Das bedeutet, dass das Kind immer dann, wenn es sich nicht an die Regeln hält, mit den erwarteten Konsequenzen rechnen muss, unabhängig von der Situation oder der Person, die das Kind erzieht.

**Positives** Feedback: Gleichzeitig ist es wichtig, dem Kind ein positives Feedback zu geben, wenn es sich an die Regeln hält, um es in seinem richtigen Verhalten zu bestärken und es zum Weitermachen zu ermutigen.

Die Strategie der Konsequenz ist eine wirksame Methode, um autistischen Kindern beizubringen, sich an Regeln zu halten, da sie ihnen eine klare und konsequente Struktur bietet, die es ihnen ermöglicht zu verstehen, was richtig und was falsch ist. Dies trägt dazu bei, ein Gefühl für Selbstdisziplin und Verantwortung zu entwickeln, das für die Entwicklung gesunder und positiver Beziehungen zu Gleichaltrigen und anderen Mitgliedern der Gemeinschaft von grundlegender Bedeutung ist.

## Verwendung von Bildmaterial:

Die Strategie der Visualisierung besteht darin, einem autistischen Kind anhand von Bildern oder grafischen Darstellungen beizubringen, wie es die Regeln befolgen soll. Diese Technik ist für autistische Kinder sehr nützlich, da sie ihnen hilft, die Regeln leichter und klarer zu visualisieren und zu verstehen. Die Strategie umfasst die folgenden Schritte:

**Erstellung von Anschauungsmaterial**: Der erste Schritt besteht darin, die Regeln, an die sich das Kind halten muss, visuell darzustellen. Diese Visualisierungen können einfache Zeichnungen, Bilder, Diagramme oder Fotos sein.

**Präsentation von Anschauungsmaterial**: Das Bildmaterial wird dem autistischen Kind präsentiert, damit es es verstehen und sich einprägen kann. Dies kann durch Gespräche oder die Verwendung einer visuellen Hilfe wie einem Tablet oder Computer geschehen.

**Ausführung der Regeln**: Sobald das Kind die durch das Bildmaterial dargestellten Regeln verstanden hat, wird es ermutigt, sie in seinem Alltag umzusetzen.

**Feedback**: Im Alltag erhält das Kind ständig Rückmeldung darüber, ob es die Regeln einhält. Dieses Feedback kann je nach Verhalten des Kindes positiv oder negativ ausfallen.

Die Verwendung von Bildern ist eine sehr effektive Strategie, um einem autistischen Kind beizubringen, wie man Regeln befolgt, da es dadurch eine visuelle und konkrete Darstellung der Regeln erhält, die es befolgen muss, wodurch es sie leichter verstehen und sich einprägen kann.

## Positives Feedback:

Die Strategie des positiven Feedbacks ist eine wirksame Methode, um einem autistischen Kind beizubringen, sich an Regeln zu halten. Diese Technik basiert auf positiver Verstärkung und umfasst die folgenden Schritte:

**Festlegen der Regeln**: Der erste Schritt besteht darin, die Regeln festzulegen, an die sich das autistische Kind halten muss. Diese Regeln müssen einfach und für das Kind verständlich sein.

**Beobachtung und Feedback**: Während der täglichen Aktivitäten beobachtet der Erwachsene das Verhalten des Kindes und gibt ihm positives Feedback, wenn es sich an die festgelegten Regeln hält. Wenn das Kind zum Beispiel keine Schimpfwörter benutzt, kann der Erwachsene ein positives Feedback geben, indem er sagt: "Gut gemacht, du hast die Regel, keine Schimpfwörter zu benutzen, eingehalten.

**Positive** Verstärkung: Auf positives Feedback folgt eine positive Verstärkung, z. B. eine Belohnung oder eine Aktivität, die dem Kind Spaß macht. Das hilft dabei, korrektes Verhalten zu verstärken und das Kind zu ermutigen, sich weiterhin an die Regeln zu halten.

**Wiederholung**: Die Strategie des positiven Feedbacks wird mehrmals wiederholt, um dem autistischen Kind zu helfen, neue Fähigkeiten zu festigen und sich der Regeln, die es befolgen muss, immer bewusster zu werden.

Die Strategie des positiven Feedbacks ist eine wirksame Methode, um autistischen Kindern beizubringen, Regeln zu respektieren, da sie zu korrektem Verhalten ermutigt und dabei hilft, ein größeres Bewusstsein für Regeln zu entwickeln. Diese Technik ist sehr nützlich, um autistischen Kindern zu helfen, selbstständiger zu werden und gesunde, positive Beziehungen zu Gleichaltrigen und anderen Mitgliedern der Gemeinschaft zu entwickeln.

## Angemessene Konsequenzen:

Die Strategie der Angemessenen Konsequenzen besteht aus einem disziplinarischen Ansatz, der darauf abzielt, einem autistischen Kind beizubringen, wie man sich an Regeln hält. Die Technik umfasst die folgenden Schritte:

**Festlegen der Regeln**: Der erste Schritt besteht darin, die Regeln festzulegen, an die sich das autistische Kind halten muss, z. B. Respekt vor anderen, Vermeidung von destruktivem oder gefährlichem Verhalten usw.

**Kommunikation von Regeln**: Regeln werden dem autistischen Kind auf klare und einfache Weise vermittelt, damit es versteht, was von ihm verlangt wird.

**Angemessene** Konsequenzen: Wenn sich das Kind nicht an die Regeln hält, wird eine angemessene Konsequenz gezogen, z. B. der Verlust eines Privilegs oder eine vorübergehende Isolierung. Die Konsequenzen sollten in einem angemessenen Verhältnis zum Verhalten des Kindes stehen und jedes Mal, wenn das Kind die Regeln bricht, konsequent angewendet werden.

**Positives** Feedback: Wenn sich das Kind an die Regeln hält, erhält es ein positives Feedback, um es zu ermutigen, sich weiterhin korrekt zu verhalten.

Die Strategie der angemessenen Konsequenzen ist eine wirksame Methode, um autistischen Kindern beizubringen, Regeln zu respektieren und ein verantwortungsvolles und respektvolles Verhalten gegenüber anderen zu entwickeln. Die Technik hilft dem Kind zu verstehen, wie wichtig es ist, sich an Regeln zu halten und ein größeres Bewusstsein für die Konsequenzen seines Verhaltens zu entwickeln.

## Schwerpunkt auf Sicherheit:

Die Safety Emphasis Strategy besteht aus einem pädagogischen Ansatz, der darauf abzielt, einem autistischen Kind beizubringen, Regeln auf sichere und verantwortungsvolle Weise einzuhalten. Die Technik umfasst die folgenden Schritte:

**Festlegen der Regeln**: Der erste Schritt besteht darin, die Regeln, an die sich das autistische Kind halten muss, auf eine einfache und verständliche Weise festzulegen. Diese Regeln können die persönliche Sicherheit, die Sicherheit der anderen und die Sicherheit der Umgebung betreffen.

Betonung der Sicherheit: Beim Erlernen von Regeln liegt der Schwerpunkt auf Sicherheit und Verantwortung. Das autistische Kind muss verstehen, dass das Befolgen von Regeln bedeutet, auf sich und andere aufzupassen, und dass dies ein wichtiges und verantwortungsvolles Verhalten ist.

**Durchsetzung der Regeln**: Wenn das autistische Kind die Regeln verstanden hat, ist es wichtig, dass es sie in der Praxis anwendet, um sein verantwortungsvolles Verhalten zu festigen.
**Positives Feedback**: Während der Anwendung der Regeln ist es wichtig, dem autistischen Kind ein positives Feedback zu geben, wenn es die Regeln auf sichere und verantwortungsvolle Weise einhält. Das hilft, das richtige Verhalten zu verstärken und das Kind zu ermutigen, es weiter zu üben.

Die Safety Emphasis Strategy ist ein effektiver Weg, dem autistischen Kind beizubringen, wie es Regeln auf sichere und verantwortungsvolle Weise einhält, und ihm dabei zu helfen, ein positives und respektvolles Sozialverhalten zu entwickeln.

## Stufenweiser Unterricht:

Die schrittweise Lehrstrategie besteht aus einem progressiven Prozess, der darauf abzielt, einem autistischen Kind beizubringen, wie es sich an Regeln hält. Die Technik umfasst die folgenden Schritte:

**Festlegen der Regeln**: Der erste Schritt besteht darin, die Regeln festzulegen, an die sich das autistische Kind halten muss, z. B. Regeln für das richtige Verhalten zu Hause oder in der Schule, Regeln für das friedliche Zusammenleben mit Gleichaltrigen usw.

**Schrittweiser Unterricht**: Die Regeln werden schrittweise vermittelt, so dass das autistische Kind sie verstehen und sich allmählich an das neue geforderte Verhalten anpassen kann.

**Positives** Feedback: Während des Lernens erhält das autistische Kind jedes Mal ein positives Feedback, wenn es die gelehrten Regeln einhält. Das hilft, das richtige Verhalten zu verstärken und das Kind zu ermutigen, es weiter zu üben.

**Wiederholung**: Das schrittweise Unterrichten wird mehrmals wiederholt, um dem autistischen Kind zu helfen, die neu erworbenen Fähigkeiten zu festigen und sich der zu befolgenden Regeln zunehmend bewusst zu werden.

**Anpassung an die neuen Regeln**: Wenn das Kind die gelehrten Regeln verstanden und befolgt hat, können neue Regeln eingeführt werden, die auf dieselbe Weise gelehrt werden.

Die Strategie des schrittweisen Unterrichtens ist ein effektiver und maßgeschneiderter Weg, um dem autistischen Kind beizubringen, Regeln zu respektieren, da es ihm ermöglicht, sich schrittweise an das neue geforderte Verhalten anzupassen und die sozialen Fähigkeiten zu erwerben, die für ein friedliches Zusammenleben mit Gleichaltrigen und anderen Mitgliedern der Gemeinschaft notwendig sind.

# V. Lese- und Schreibfähigkeiten:

## V.I Übungen zum Lesen- und Schreibenlernen

Übungen zum Lesen- und Schreibenlernen sind Aktivitäten, die Kindern helfen sollen, ihre Lese- und Schreibfähigkeiten zu entwickeln. Diese Übungen können für Kinder mit Autismus angepasst werden und beinhalten Aktivitäten wie:

## An der Buchstabenkenntnis arbeiten:

Die Übung "Buchstabenwissen erarbeiten" besteht aus einer Aktivität, die darauf abzielt, einem autistischen Kind das Lesen und Schreiben beizubringen. Die Technik umfasst die folgenden Schritte:

**Einführung der Buchstaben**: Der erste Schritt besteht darin, die Buchstaben auf einfache und schrittweise Weise einzuführen. Das Kind wird mit verschiedenen Informationsquellen wie Büchern, Spielen, Fotos usw. konfrontiert, die es mit der Form und dem Klang der einzelnen Buchstaben vertraut machen.

Wortbildung: Sobald das Kind eine gute Kenntnis der Buchstaben erworben hat, gehen wir zur Wortbildung über. Das Kind wird ermutigt, einfache und vertraute Wörter zu lesen und zu schreiben und dabei die gelernten Buchstaben zu verwenden.
**Umgang mit Texten**: Das Kind wird mit immer komplexeren Texten konfrontiert, wodurch es sein

Textverständnis verbessern und seine Lese- und Schreibfähigkeiten entwickeln kann.

**Feedback und Verstärkung**: Während der Übung erhält das Kind ständig Feedback und positive Verstärkung, um es zu ermutigen, weiter zu üben und seine Lese- und Schreibfähigkeiten zu verbessern.

Die Übung "Buchstabenwissen erarbeiten" ist ein schrittweiser und systematischer Weg, einem autistischen Kind das Lesen und Schreiben beizubringen und ihm damit eine Fähigkeit zu vermitteln, die für seine Entwicklung und seinen Erfolg in der Schule und in der Gesellschaft von grundlegender Bedeutung ist.

## Phonemische Segmentierungsaktivität:

Die Phonemic Segmentation Activity (Phonemische Segmentierung) ist eine Methode, mit der ein autistisches Kind seine Lese- und Schreibfähigkeiten verbessern kann. Sie besteht aus den folgenden Schritten:

**Vorbereitung**: Der erste Schritt besteht darin, Materialien wie Phonemkarten, Wortzeichnungen usw. vorzubereiten.

**Lautvorstellung**: Dem Kind wird ein einzelner phonemischer Laut vorgestellt und es wird gebeten, andere phonemische Laute in dem vorgestellten Wort oder Muster zu identifizieren.

**Phonemische Segmentierung**: Das Kind wird aufgefordert, den phonemischen Laut vom Wort oder Design zu trennen, z. B. den Laut "c" in "Hund" zu identifizieren.

**Wiederholung**: Diese Übung wird mit verschiedenen phonemischen Lauten und Wörtern wiederholt, um dem Kind zu helfen, ein größeres Bewusstsein für einzelne Laute in der Sprache zu entwickeln.

**Schriftliche Übung**: Sobald das Kind verstanden hat, wie man phonemische Laute segmentiert, wird es aufgefordert, Wörter mit diesen Lauten zu schreiben.

Die Phonemische Segmentierung ist eine effektive Methode, um einem autistischen Kind das Lesen und Schreiben beizubringen, denn sie hilft dabei, das phonemische Bewusstsein und die Fähigkeit zu entwickeln, einzelne Laute in der Sprache zu unterscheiden. Dies ist ein wichtiger Schritt für das spätere Verstehen und Produzieren von Wörtern und Sätzen.

## Dekodieraktivitäten:

Die Phonemische Dekodierung ist eine Technik, mit der ein autistisches Kind lesen und schreiben lernt. Diese Aktivität besteht aus den folgenden Schritten:

**Einführung in das Konzept** der **Phoneme** Der erste Schritt ist die Einführung des Konzepts der Phoneme, d.h. der kleinsten Lauteinheiten, aus denen sich Wörter zusammensetzen. Das Kind wird dabei unterstützt zu verstehen, wie Phoneme zu Wörtern kombiniert werden können.

Dekodierübungen: Das Kind macht Dekodierübungen, bei denen es Laute mit Buchstaben oder Buchstabengruppen in Verbindung bringen muss. Diese Übungen helfen dem Kind, die Fähigkeit zu entwickeln, effizienter zu lesen und zu schreiben.

**Einfache Wörter lesen**: Sobald das Kind ein grundlegendes Verständnis der Phoneme erworben und einige Dekodierübungen absolviert hat, wird es ermutigt, einfache Wörter mit seinem neuen Wissen zu lesen.

**Schreibübungen**: Das Kind wird ermutigt, die Wörter, die es zu lesen gelernt hat, aufzuschreiben, um seine Fähigkeit zu verbessern, Phoneme mit grafischen Zeichen zu assoziieren.

**Feedback und Wiederholung**: Das Kind erhält eine Rückmeldung über seine Fortschritte und Leistungen während dieser Aktivität. Die phonemische Dekodierung wird mehrmals wiederholt, um dem Kind zu helfen, sein Verständnis zu festigen und das Lesen und Schreiben immer besser zu beherrschen.

Die Phonemic Decoding Activity ist eine effektive Methode, um einem autistischen Kind das Lesen und Schreiben beizubringen und seine Fähigkeit zu entwickeln, Schriftsprache besser zu verstehen und zu nutzen.

## Schreibaktivitäten:

Die Writing Activity ist eine effektive Methode, um einem autistischen Kind das Lesen und Schreiben beizubringen. Die Technik umfasst die folgenden Schritte:

**Vorbereitung**: Der erste Schritt besteht darin, die notwendigen Materialien für die Aktivität vorzubereiten, z. B. Papier und Stifte, und die Ziele der Aktivität festzulegen.

**Vermittlung von Schreibtechniken**: Dem autistischen Kind werden Schreibtechniken beigebracht, wie z. B. die Bildung von Buchstaben und ihre Anordnung auf der Seite. Dies geschieht durch Wiederholung und Nachahmung.

Übung: Das Kind wird ermutigt, das Schreiben auf Papier zu üben und die gelernten Wörter oder Sätze zu wiederholen. Das hilft ihm, seine Schreibfähigkeiten zu verbessern und sein Wissen zu festigen.

**Feedback**: Das Kind erhält ständig Rückmeldungen zu seinem Schreiben, sowohl positive als auch negative. Das hilft dabei, Fehler zu korrigieren und die erworbenen Fähigkeiten zu festigen.

**Lesen**: Sobald das Kind das Schreiben erlernt hat, wird es ermutigt, das Geschriebene zu lesen, um die Bedeutung der Wörter zu verstehen und seine Lesefähigkeit zu entwickeln.

Die Schreibaktivität ist eine einfache, aber wirksame Methode, um einem autistischen Kind das Lesen und Schreiben beizubringen - grundlegende Fähigkeiten für seine persönliche Entwicklung. Mit ständigem Üben und Unterstützung kann das autistische Kind diese Fähigkeiten entwickeln und immer kompetenter im Lesen und Schreiben werden.

## Vorlesen:

Die Vorlese-Aktivität besteht aus einer Technik, die darauf abzielt, einem autistischen Kind das Lesen und Schreiben beizubringen. Die Technik umfasst die folgenden Schritte:

**Buchauswahl**: Der erste Schritt besteht darin, ein Buch auszuwählen, das für das Leseniveau des autistischen Kindes geeignet ist. Bücher mit bunten Bildern und einfachen, unterhaltsamen Geschichten können das Interesse des Kindes wecken.

**Vorlesen: Der** nächste Schritt ist das laute Lesen des Buches, wobei das Kind den Wörtern mit dem Finger oder mit Hilfe von Bildern folgen kann. Das laute Lesen hilft dem Kind, sein Sprachverständnis zu entwickeln und sich mit der Struktur von Wörtern und Sätzen vertraut zu machen.

**Schreiben**: Nach dem Lesen kann das Kind ermutigt werden, einige der Wörter oder Sätze aufzuschreiben, die es gelernt hat. Das hilft bei der Entwicklung der Schreibfähigkeiten und der Festigung des Sprachverständnisses.

**Positives** Feedback: Während der Aktivität ist es wichtig, dem Kind ein positives Feedback zu geben, wenn es zeigt, dass es die gelernten Wörter oder Sätze verstanden hat. Das hilft, das richtige Verhalten zu bestätigen und das Kind zu ermutigen, weiter zu üben.

**Wiederholung**: Die Vorleseaktivität wird mehrmals mit verschiedenen Büchern wiederholt, um dem autistischen Kind zu helfen, die neu erworbenen Fähigkeiten zu festigen und sich der Struktur der Sprache immer bewusster zu werden.

Die Vorlese-Aktion ist eine unterhaltsame und interaktive Methode, um autistischen Kindern das Lesen und Schreiben beizubringen, die grundlegende Fähigkeiten für die kognitive und soziale Entwicklung sind.

# Spiel mit Worten:

Die Aktivität "Mit Wörtern spielen" besteht aus einer Übung, die darauf abzielt, einem autistischen Kind das Lesen und Schreiben beizubringen. Die Technik umfasst die folgenden Schritte:

**Vorbereitung**: Der erste Schritt besteht darin, die notwendigen Materialien für die Aktivität vorzubereiten, z. B. Papier, Stifte, Kinderbücher mit einfachen Wörtern usw.

**Durchführen der Aktivität**: Die Aktivität wird mit dem autistischen Kind und einem anderen Gleichaltrigen oder Erwachsenen durchgeführt, der als Spielkamerad fungiert. Während der Aktivität schreiben oder lesen die Spieler/innen gemeinsam einfache Wörter, wobei sie mit sehr einfachen Wörtern beginnen und den Schwierigkeitsgrad allmählich steigern.

**Positives Feedback**: Während der Aktivität gibt der Spielpartner dem autistischen Kind immer dann ein positives Feedback, wenn es zeigt, dass es die Spielregeln zum Lesen und Schreiben von Wörtern verstanden und befolgt hat. Das hilft, das richtige Verhalten zu verstärken und das Kind zu ermutigen, es weiter zu üben.

**Wiederholung**: Die Aktivität "Mit Wörtern spielen" wird mehrmals wiederholt, um dem autistischen Kind zu helfen, die neu erworbenen Fähigkeiten zu festigen und immer sicherer im Lesen und Schreiben von Wörtern zu werden.

Die Aktivität "Mit Wörtern spielen" ist eine unterhaltsame und interaktive Möglichkeit, autistischen Kindern das Lesen und Schreiben beizubringen, was für die Entwicklung von Sprache und kognitiven Fähigkeiten entscheidend ist. Diese Aktivität trägt auch dazu bei, das Selbstvertrauen des Kindes in seine Fähigkeit, geschriebene Sprache zu verstehen und zu verwenden, zu stärken und sein Selbstwertgefühl zu steigern.

# Aktivitäten zur Worterkennung:

Word Recognition Activity ist eine Technik, die einem autistischen Kind helfen soll, lesen und schreiben zu lernen. Die Technik besteht aus den folgenden Schritten:

**Vorbereitung**: Der erste Schritt besteht darin, die notwendigen Materialien für die Aktivität vorzubereiten, z. B. Papier, Stifte und handgeschriebene oder gedruckte Wörter.

**Durchführung der Aktivität**: Die Aktivität wird mit dem autistischen Kind durchgeführt. Das Kind wird aufgefordert, die geschriebenen Wörter zu lesen und einige von ihnen aufzuschreiben. Die Übung wird mehrmals mit immer komplexeren Wörtern wiederholt.

**Positives Feedback**: Während der Aktivität gibt der Spielkamerad oder der Erwachsene dem Kind immer dann ein positives Feedback, wenn das Kind zeigt, dass es die Wörter verstanden und richtig geschrieben hat. So wird das Kind in seinem richtigen Verhalten bestärkt und ermutigt, weiter zu üben.

**Wiederholung**: Die Worterkennungsübung wird mehrmals wiederholt, um dem autistischen Kind zu helfen, die neu erworbenen Lese- und Schreibfähigkeiten zu festigen und in diesen Bereichen immer kompetenter zu werden.

Die Worterkennungsübung ist ein effektiver und unterhaltsamer Weg, einem autistischen Kind die Grundlagen des Lesens und Schreibens beizubringen, die für die Entwicklung von Kommunikation und sozialer Interaktion entscheidend sind.

# Aktivitäten zum sensorischen Schreiben:

Die sensorische Schreibaktivität ist eine Technik, die autistischen Kindern hilft, das Lesen und Schreiben auf eine effektivere und ansprechendere Weise zu lernen. Die Technik umfasst die folgenden Schritte:

**Sinnesmaterialien**: Der erste Schritt ist das Sammeln von Sinnesmaterialien wie Farbe, Knete, Gelatine usw., die für das Schreiben verwendet werden sollen.

**Sensorisches Schreiben**: Das autistische Kind wird ermutigt, mit sensorischen Materialien zu schreiben, die es ihm ermöglichen, die Schrift mit seinen Händen zu fühlen, zu sehen und zu lesen. So wird das Schreibenlernen interessanter und macht mehr Spaß.

**Positives Feedback**: Während der sensorischen Schreibaktivität gibt der Erwachsene dem autistischen Kind immer dann ein positives Feedback, wenn es Fortschritte beim Schreiben und Lesen von Wörtern zeigt. Das ermutigt das Kind, weiter zu üben.

**Wiederholung**: Die sensorische Schreibaktivität wird mehrmals wiederholt, um dem autistischen Kind zu helfen, die neu erworbenen Fähigkeiten zu festigen und immer kompetenter im Lesen und Schreiben zu werden.

Die sensorische Schreibaktivität ist eine effektive Methode, um einem autistischen Kind das Lesen und Schreiben beizubringen, denn sie nutzt die Sinne des Kindes, um das Lernen ansprechender zu gestalten und Spaß zu machen. Auf diese Weise kann das Kind leichter und natürlicher lernen.

## Bilder und Symbole verwenden:

Die Aktivität der Verwendung von Bildern und Symbolen besteht aus einer pädagogischen Methode, die die Verbindung zwischen Bildern und Symbolen nutzt, um einem autistischen Kind das Lesen und Schreiben beizubringen. Diese Technik umfasst die folgenden Schritte:

**Vorbereitung**: Der erste Schritt besteht darin, Bilder und Symbole vorzubereiten, die einfache Wörter oder Sätze darstellen. Diese Bilder und Symbole müssen leicht mit den dargestellten Wörtern und Sätzen in Verbindung gebracht werden können.

**Präsentation von Bildern und Symbolen**: Die Bilder und Symbole werden dem autistischen Kind nacheinander präsentiert und mit einfachen Wörtern oder Sätzen verknüpft. Das Kind wird aufgefordert, sich die Bilder und Symbole anzusehen und die dazugehörigen Wörter oder Sätze zu wiederholen.

**Lese- und Schreibübungen**: Sobald das Kind gelernt hat, Bilder und Symbole mit Wörtern und Sätzen zu assoziieren, wird es aufgefordert, Lese- und Schreibübungen mit diesen Assoziationen durchzuführen. Das Kind kann zum Beispiel aufgefordert werden, einen Satz nur mit den dazugehörigen Bildern und Symbolen zu lesen oder einen Satz mit den Bildern und Symbolen zu schreiben.

**Positives Feedback und Verstärkung**: Bei den Lese- und Schreibübungen erhält das Kind jedes Mal ein positives Feedback, wenn es sich anstrengt und einen

Lernfortschritt macht. Das hilft, richtiges Verhalten zu verstärken und das Kind zu ermutigen, weiter zu üben.
Die Aktivität mit Bildern und Symbolen ist eine wirksame pädagogische Methode, um einem autistischen Kind das Lesen und Schreiben beizubringen, da sie visuelle Assoziationen nutzt, um das Lernen verständlicher und weniger anstrengend für das Kind zu machen. Diese Technik lässt sich an die individuellen Bedürfnisse des Kindes anpassen und kann mehrmals wiederholt werden, um dem Kind zu helfen, die neu erworbenen Fähigkeiten zu festigen.

## Interaktive Leseaktivitäten:

Die Interaktive Leseaktivität ist eine spielerische und effektive Methode, um einem autistischen Kind das Lesen und Schreiben beizubringen. Die Technik umfasst die folgenden Schritte:

**Auswahl des Materials**: Der erste Schritt ist die Auswahl des Lesematerials, wie z. B. Kinderbücher, Comics, Kreuzworträtsel usw. Das Material muss für das Leseniveau des Kindes geeignet sein und es muss das Kind interessieren.

**Gemeinsames Lesen**: Das autistische Kind und ein Erwachsener oder Gleichaltriger lesen gemeinsam das ausgewählte Material, wobei das Kind die Möglichkeit hat, laut zu lesen und Fragen zur Bedeutung der Wörter oder Bilder zu stellen.

**Interaktives Schreiben**: Das autistische Kind und sein Spielkamerad schreiben gemeinsam Sätze oder Wörter und verwenden dabei das Lesematerial als Vorlage. Das hilft dem Kind, den Schreibprozess zu verstehen und seine Schreibfähigkeiten zu entwickeln.

**Positives Feedback**: Während der Lese- und Schreibaktivität gibt der Spielpartner dem autistischen Kind immer dann ein positives Feedback, wenn es zeigt, dass es die Spielregeln in Bezug auf den Sprachgebrauch verstanden und befolgt hat. Dadurch wird das Kind in seinem richtigen Verhalten bestärkt und ermutigt, weiter zu üben.

**Wiederholung**: Die interaktive Leseaktivität wird mehrmals wiederholt, um dem autistischen Kind zu helfen, die neu erworbenen Fähigkeiten zu festigen und das Lesen und Schreiben immer besser zu beherrschen.

Die Interaktive Leseaktivität ist eine unterhaltsame und interaktive Methode, um autistischen Kindern das Lesen und Schreiben beizubringen, die für die Entwicklung ihrer Sprachfähigkeiten und ihre Integration in die Gesellschaft entscheidend sind.

Es ist wichtig zu bedenken, dass jedes Kind mit Autismus einzigartig ist und dass individuelle Anpassungen erforderlich sein können, um seine besonderen Bedürfnisse zu erfüllen. Außerdem kann es hilfreich sein, mit einer psychologischen Fachkraft oder einem Logopäden zusammenzuarbeiten, um einen individuellen Unterrichtsplan für das Kind zu entwickeln.

## V.II Techniken zur Anpassung der schulischen Aktivitäten an das Kind

Techniken zur Anpassung der schulischen Aktivitäten, um einem autistischen Kind das Lesen und Schreiben beizubringen, sind spezielle Methoden, die auf die individuellen Bedürfnisse eines Kindes mit Autismus zugeschnitten sind. Diese Techniken beruhen auf dem Verständnis der Fähigkeiten und Schwierigkeiten des Kindes und seiner Fähigkeit, anders zu lernen als neurotypische Kinder.

Die 10 besten Techniken zur Anpassung von Schulaktivitäten an ein Kind mit Autismus sind:

## Visuelles Lernen:

Die Visual Learning Technique ist eine pädagogische Methode, die auf dem Prinzip basiert, dass Kinder mit Autismus am besten durch Visualisierung und die Verbindung von Bildern und Wörtern lernen. Diese Technik konzentriert sich auf die Verwendung von visuellem Material, um Kindern zu helfen, Wörter und Konzepte zu assoziieren und so ihre Lese- und Schreibfähigkeiten zu verbessern.

Um die schulischen Aktivitäten an diese Technik anzupassen, könntest du Bilder verwenden, um die Wörter und Konzepte darzustellen, die gelernt werden müssen. Du könntest zum Beispiel jedes Mal, wenn das Wort "Katze" in einem Text vorkommt, den du mit deinem Kind liest, ein Bild von einer Katze zeigen. So kann das Kind das Bild mit dem Wort in Verbindung bringen und sich die Bedeutung des Wortes besser einprägen.
Außerdem kannst du Bild- und Wortkarten verwenden, um deinem Kind Grammatik- und Rechtschreibregeln beizubringen. Du könntest auch visuelle und interaktive Spiele wie Puzzles und Puzzles verwenden, um deinem Kind zu helfen, seine Lese- und Schreibfähigkeiten auf spielerische Art und Weise zu entwickeln.

Es ist wichtig zu betonen, dass jedes Kind mit Autismus ein einzigartiges Individuum ist und dass die Visual Learning Technique nicht für jedes Kind geeignet ist. Es ist wichtig, mit einer erfahrenen Fachkraft zusammenzuarbeiten, z. B. einem Fachlehrer oder Logopäden, um die für das jeweilige Kind am besten geeignete Unterrichtsstrategie zu ermitteln.

## Aktives Lernen:

Aktives Lernen ist eine Unterrichtsmethode, die die aktive Interaktion und Beteiligung des autistischen Kindes am Lernen fördert. Um die Schulaktivitäten anzupassen und einem autistischen Kind das Lesen und Schreiben beizubringen, könntest du:

**Schaffe eine** angenehme und ablenkungsfreie **Umgebung** für das Kind.

**Verwende visuelles Material,** wie z.B. Bilder und Konzeptkarten, um das Verständnis von Wörtern und Sätzen zu unterstützen.

**Entwickle stabile Lernroutinen für das** Kind, um ihm eine beruhigende Struktur und Stabilität zu geben.

**Ermutige das Kind, Fragen zu stellen** und sich aktiv am Lernen zu beteiligen, indem du es mit positiven Verstärkungstechniken motivierst.

**Nutze seine sensorischen Fähigkeiten**, um ihm zu helfen, Wörter mit Bildern und Klängen zu verbinden.

**Nutze multisensorische Lerntechniken**, wie Berührung und Sehen, um dem Kind zu helfen, sich Wörter und Sätze einzuprägen.
**Entwickle ein maßgeschneidertes Lernprogramm für das** Kind, das seine besonderen Bedürfnisse, Stärken und Schwächen berücksichtigt.

Im Allgemeinen besteht das Ziel des Aktiven Lernens darin, ein Lernumfeld zu schaffen, das die aktive Interaktion und Beteiligung des Kindes fördert und es motiviert, zu lernen und seine Lese- und Schreibfähigkeiten zu entwickeln.

## Routinemäßiges Lernen:

Die Routine Learning Technique (TAR) ist eine pädagogische Methode, die auf der Schaffung von festen, sich wiederholenden Routinen beruht, um einem autistischen Kind neue Fähigkeiten beizubringen.
Diese Technik verwendet einen schrittweisen Ansatz, der das Kind auf geordnete und vorhersehbare Weise durch die verschiedenen Phasen des Lernprozesses führt.

Um die Schulaktivitäten anzupassen und einem autistischen Kind das Lesen und Schreiben beizubringen, könnte TAR wie folgt umgesetzt werden:

**Eine ruhige und ablenkungsfreie Lernumgebung schaffen**: Das autistische Kind braucht eine ablenkungsfreie Umgebung, um sich auf die Schulaktivitäten zu konzentrieren.

**Entwicklung eines** Tagesablaufs: TAR beinhaltet die Entwicklung eines Tagesablaufs, dem das Kind jeden Tag folgt. Dies trägt zur Stabilität bei und gibt dem Kind eine vorhersehbare Struktur.

**Schrittweises Erlernen von Fähigkeiten**: Bei TAR werden neue Fähigkeiten schrittweise vermittelt. So kann es zum Beispiel notwendig sein, zunächst die Buchstaben des Alphabets zu lernen, bevor man dazu übergeht, einfache Wörter zu bilden und schließlich ganze Sätze zu lesen.

**Verwendung von visuellen Hilfsmitteln**: TAR verwendet visuelle Hilfsmittel wie Karten oder Bilder, um dem Kind zu helfen, die Informationen zu verstehen. Diese Hilfsmittel können auch dazu beitragen, die Konzentration des Kindes beim Lernen aufrechtzuerhalten.

**Wiederholung und Festigung von Fähigkeiten**: TAR erfordert die Wiederholung von Fähigkeiten, bis das Kind sie selbstständig erworben hat. Dieser Konsolidierungsprozess hilft dem Kind, die Fähigkeiten zu verinnerlichen und ein Langzeitgedächtnis zu entwickeln.

Zusammenfassend lässt sich sagen, dass TAR eine wirksame Methode ist, um schulische Aktivitäten anzupassen und einem autistischen Kind das Lesen und Schreiben beizubringen, da sie eine ablenkungsfreie Umgebung, eine vorhersehbare Routine und ein schrittweises Erlernen von Fähigkeiten bietet.

## Individuelles Lernen:

Individualisiertes Lernen ist eine Technik, die sich darauf konzentriert, die schulischen Aktivitäten an die besonderen Bedürfnisse eines autistischen Kindes anzupassen. Dieser Ansatz berücksichtigt die einzigartigen

Fähigkeiten, Schwierigkeiten und Vorlieben des Kindes, um einen maßgeschneiderten und motivierenden Lernweg zu schaffen.

Um einem autistischen Kind das Lesen und Schreiben beizubringen, werden beim individualisierten Lernen eine Reihe von Strategien und Methoden eingesetzt, die darauf abzielen, die Sprachkenntnisse des Kindes zu entwickeln. Dazu kann die Verwendung von visuellem Lernmaterial wie Bildern oder Symbolen oder der Einsatz von Technologie wie Lese- oder Schreibsoftware gehören.

Darüber hinaus beinhaltet individualisiertes Lernen eine enge Zusammenarbeit zwischen Lehrkraft, Eltern und Gesundheitsexperten, um sicherzustellen, dass die Aktivitäten auf die Bedürfnisse des Kindes zugeschnitten sind. Das bedeutet, dass die Lehrkraft die Dauer, den Schwierigkeitsgrad oder die Art der Aktivität je nach Leistung und Vorlieben des Kindes anpassen kann.

Auf diese Weise trägt das individualisierte Lernen dazu bei, die sprachlichen Fähigkeiten des autistischen Kindes auf sichere, motivierende und befriedigende Weise zu entwickeln und eine positive und einladende Lernumgebung zu schaffen.

## Interessenbasiertes Lernen:

Interessenorientiertes Lernen ist eine pädagogische Technik, die sich auf die Stärken und Leidenschaften der Schüler/innen konzentriert, um sie zu motivieren und ihnen zu helfen, effektiver zu lernen. Auf diese Weise können die schulischen Aktivitäten an die spezifischen Interessen des autistischen Kindes angepasst werden, was das Lernen angenehmer und engagierter macht.

Um einem autistischen Kind das Lesen und Schreiben beizubringen, kannst du seine Interessen als Grundlage für pädagogische Aktivitäten nutzen. Wenn sich dein Kind zum Beispiel für Dinosaurier interessiert, könntest du Lese- und Schreibaktivitäten entwickeln, die sich mit Dinosauriern beschäftigen, wie zum Beispiel Bücher über sie lesen, Beschreibungen über sie schreiben oder Geschichten erfinden, in denen sie vorkommen.

Außerdem könntest du visuelles Material wie Fotos oder Videos verwenden, um dem Kind zu helfen, die Konzepte besser zu verstehen und seine Aufmerksamkeit auf dem Thema zu halten. Du könntest auch praktische Aktivitäten wie Zeichnen oder das Bauen von Modellen einsetzen, um deinem Kind zu helfen, die Informationen zu verinnerlichen und seine motorischen Fähigkeiten zu entwickeln.

Im Allgemeinen erfordert interessenorientiertes Lernen ein gründliches Verständnis der Fähigkeiten und Vorlieben des Kindes sowie eine sorgfältige Planung der pädagogischen Aktivitäten. Diese Technik kann jedoch sehr effektiv sein, wenn es darum geht, dem autistischen Kind zu helfen, seine Lese- und Schreibfähigkeiten in einer Umgebung zu entwickeln, die es motiviert und die für es relevant ist.

## Lernen durch Wiederholung:

Die wiederholungsbasierte Lerntechnik zur Anpassung der schulischen Aktivitäten und zum Erlernen des Lesens und Schreibens eines autistischen Kindes besteht darin, dem Schüler/der Schülerin wiederholte visuelle und verbale Reize in Bezug auf eine bestimmte Aufgabe zu geben. Bei dieser Technik werden Wörter, Buchstaben und Zahlen in einem immer komplexeren Kontext ständig und systematisch wiederholt, bis das Lese- und Schreibverständnis und die Kompetenz erreicht sind.

Um einem autistischen Kind das Lesen und Schreiben beizubringen, muss man einen individuellen und schrittweisen Ansatz wählen. Man kann zum Beispiel mit einfachen Wörtern beginnen, wie dem Namen des Schülers, und sie kontinuierlich wiederholen, zuerst in schriftlicher Form und dann laut. Das hilft dem Kind, mit der Form der Wörter vertraut zu werden und sie zu erkennen. Später kannst du zu kurzen, einfachen Sätzen übergehen, wie z. B. "Die Katze ist grau", und sie mit dem Kind wiederholen, bis es in der Lage ist, selbständig zu lesen.

Das Schreiben kann auch mit der Technik des wiederholenden Lernens gelehrt werden. Man kann damit beginnen, die Form der einzelnen Buchstaben zu lehren, indem man Bilder und einfache Formen zum Wiederholen und Kopieren verwendet. Später kann man dazu übergehen, einfache Wörter und schließlich ganze Sätze zu schreiben.

Im Allgemeinen erfordert die Technik des wiederholenden Lernens zur Anpassung der schulischen Aktivitäten und zum Erlernen des Lesens und Schreibens bei einem autistischen Kind Geduld, Ausdauer und einen individuellen Ansatz. Die ständige und systematische Wiederholung von Wörtern, Buchstaben und Zahlen hilft dem Kind, schrittweise und selbstbewusst Lese- und Schreibkompetenzen zu erwerben.

## Visualisierungsbasiertes Lernen:

Bei der Visualisierungsbasierten Lerntechnik werden Bilder, Diagramme und visuelle Darstellungen verwendet, um einem autistischen Kind zu helfen, Konzepte zu verstehen und sich zu merken. In diesem Fall kann diese

Technik genutzt werden, um Schulaktivitäten anzupassen und einem autistischen Kind Lesen und Schreiben beizubringen.

Erstens ist es wichtig, dem Kind die Wörter, Sätze und Konzepte, die unterrichtet werden sollen, visuell darzustellen. Es kann zum Beispiel sinnvoll sein, die einzelnen Buchstaben des Alphabets oder die Laute der Wörter mit Bildern oder Diagrammen darzustellen.

Außerdem ist es wichtig, beim Erlernen von Lese- und Schreibtechniken schrittweise und progressiv vorzugehen. So kann es zum Beispiel sinnvoll sein, mit dem Erlernen einzelner Buchstaben zu beginnen und dann zu einfachen Wörtern und komplexeren Sätzen überzugehen.

Während des Unterrichts ist es wichtig, dem Kind durch Visualisierung zu helfen, die Bedeutung von Wörtern und Sätzen zu verstehen. Es kann zum Beispiel hilfreich sein, ein Bild des zu lernenden Wortes zusammen mit einer visuellen Darstellung seiner Bedeutung zu visualisieren.

Darüber hinaus kann es sinnvoll sein, die visualisierungsbasierte Lerntechnik zu nutzen, um das Kind beim selbstständigen Lesen und Schreiben zu unterstützen. Es kann zum Beispiel sinnvoll sein, dem Kind eine Tafel oder ein Notizbuch mit visuellen Darstellungen der Wörter oder Sätze, die es lernt, zur Verfügung zu stellen und ihm Platz zu geben, um seine eigenen Antworten zu schreiben oder zu zeichnen.

Zusammenfassend lässt sich sagen, dass die Visualisierungsbasierte Lerntechnik eine effektive Methode ist, um einem autistischen Kind das Lesen und Schreiben beizubringen. Durch die Verwendung von Bildern, Diagrammen und visuellen Darstellungen ist es möglich, dem Kind zu helfen, Konzepte zu verstehen und sich zu merken, seine Unabhängigkeit zu erhöhen und seine Lese- und Schreibfähigkeiten zu stärken.

## Problembasiertes Lernen:

Problembasiertes Lernen ist eine Bildungstechnik, die auf dem Lösen realer und sinnvoller Probleme basiert, um Verständnis, Motivation und persönliches Wachstum zu fördern.
Um die Schulaktivitäten anzupassen und einem autistischen Kind das Lesen und Schreiben beizubringen, könnte diese Technik wie folgt angewendet werden:

**Identifiziere das Problem**: Der erste Schritt besteht darin, das spezifische Problem des Kindes zu identifizieren, wie z.B. Schwierigkeiten beim Lesen oder Schreiben.

**Darstellung des** Problems: Das Problem wird so dargestellt, dass das Kind es verstehen kann und es als bedeutsam für sein tägliches Leben empfindet.

**Entwickeln der Lösung**: Das Kind wird ermutigt, die Lösung für das Problem zu entwickeln und dabei sein vorhandenes Wissen und seine Fähigkeiten zu nutzen. Die Lehrkraft unterstützt und leitet es bei der Lösung des Problems an.

**Ausführen der Lösung**: Das Kind führt die für die Aufgabe entwickelte Lösung aus und übt dabei das Lesen und Schreiben.

**Bewertung der** Lösung: Das Kind bewertet seine Lösung und erhält positives Feedback zu seinen Fortschritten und Vorschläge zur weiteren Verbesserung seiner Fähigkeiten.

Diese Technik bietet dem autistischen Kind eine aktive, ansprechende und sinnvolle Lernerfahrung, die es ihm ermöglicht, sein Selbstwertgefühl und seine Lernmotivation zu entwickeln.

## Kollaboratives Lernen:

Problembasiertes Lernen (PBL) ist eine Unterrichtsmethode, bei der die Schüler/innen an gemeinsamen Aktivitäten beteiligt sind, die auf realen Problemen oder Situationen basieren. Auf diese Weise erwerben die Schüler/innen Wissen und Fähigkeiten, indem sie ihr kritisches Denken und ihre Kreativität einsetzen, um Probleme zu lösen.

Um Schulaktivitäten anzupassen und einem autistischen Kind das Lesen und Schreiben beizubringen, kann das PBL an die individuellen Bedürfnisse des Kindes angepasst werden. So können z. B. gemeinsame Aktivitäten entwickelt werden, die das Kind visuell und verbal unterstützen, damit es versteht und sich aktiv beteiligt.

Beim Lesen- und Schreibenlernen kann PBL eingesetzt werden, um die Lese- und Schreibfähigkeiten in einem sinnvollen und motivierenden Kontext zu entwickeln. Die Schüler/innen können zum Beispiel in Gruppen arbeiten, um ein Problem zu lösen, bei dem sie bestimmte Informationen lesen und schreiben müssen.

Diese Methode ermöglicht es dem autistischen Kind, seine Fähigkeiten in einem gemeinschaftlichen und unterstützten Kontext zu üben, was ihm mehr Selbstvertrauen und Vertrauen in seine Lese- und Schreibfähigkeiten gibt.
Zusammenfassend lässt sich sagen, dass die Technik des problembasierten Lernens eine effektive Methode ist, um schulische Aktivitäten anzupassen und einem autistischen Kind das Lesen und Schreiben beizubringen, indem ein sinnvoller und kooperativer Kontext geschaffen wird, der das Kind beim Lernen unterstützt und motiviert.

## Motivationsbasiertes Lernen:

Die Technik des problembasierten Lernens basiert auf der Idee, dass Kinder motivierter sind und sich mehr am Lernen beteiligen, wenn sie mit Aktivitäten beschäftigt sind, die ihren Bedürfnissen und Interessen entsprechen. Auf diese Weise wird das Lernen sinnvoller und nachhaltiger.

Um die schulischen Aktivitäten anzupassen und einem autistischen Kind das Lesen und Schreiben beizubringen, sollte die Lehrkraft:

**Erkenne die Bedürfnisse und Interessen des Kindes**: Das könnte seine Liebe zu Tieren oder seine Lieblingsspiele sein.

**Erstelle Aktivitäten, die durch diese Bedürfnisse und Interessen motiviert sind**: Die Lehrkraft könnte zum Beispiel ein Rollenspiel entwickeln, in dem das Kind ein Tier spielt und seine Handlungen mit Worten beschreibt.

**Lesen und Schreiben schrittweise lehren**: Die Lehrkraft sollte mit einfachen Wörtern und kurzen Sätzen beginnen und die Komplexität der Wörter und Sätze schrittweise erhöhen, wenn das Kind besser wird.

**Ein visueller Ansatz**: Das autistische Kind könnte davon profitieren, wenn es Bilder und Zeichnungen zur Darstellung von Wörtern und Sätzen verwendet.

**Förderung der Motivation und des Selbstwertgefühls des Kindes**: Die Lehrkraft sollte das Kind ermutigen, es für seine Fortschritte loben und ihm helfen, stolz auf seine Leistungen zu sein.

Mit dieser Technik kann die Lehrkraft eine ansprechende und sinnvolle Lernumgebung für das autistische Kind schaffen und seine Motivation und sein Interesse am Lesen und Schreiben steigern.

# VI. Schulische Aufgaben:

## VI.I - Übungen, die dem Kind bei den Hausaufgaben helfen

Übungen zur Unterstützung eines autistischen Kindes bei den Hausaufgaben bestehen aus Strategien und Techniken, die dem Kind helfen, sich zu konzentrieren, Informationen zu organisieren und die Motivation bei den Hausaufgaben aufrechtzuerhalten. Diese Übungen können nützlich sein, um dem Kind beizubringen, mit den Schwierigkeiten umzugehen, die es bei den Hausaufgaben hat.

Hier ist eine Liste mit den 10 besten Übungen, die einem autistischen Kind bei den Hausaufgaben helfen:

### Bilder verwenden, um das Material darzustellen:

Die Verwendung von Bildern zur Darstellung des Stoffes in der Hausaufgabenhilfe für ein autistisches Kind ist eine sehr effektive Übung. Schüler/innen mit Autismus haben oft Schwierigkeiten, schriftliche Informationen zu verstehen und sich zu merken, verfügen aber über starke visuelle Fähigkeiten. Deshalb kann die Verwendung von Bildern zur Darstellung von Konzepten, Informationen und Anweisungen das Verständnis und das Einprägen von Informationen verbessern.

Um einem autistischen Kind zum Beispiel beizubringen, wie man eine Matheaufgabe löst, könnte man ein Bild verwenden, das die in der Aufgabe beschriebene Situation darstellt und mit Pfeilen und Symbolen zeigen, wie man die Aufgabe Schritt für Schritt löst.

Außerdem kann die Verwendung von farbenfrohen und ansprechenden Bildern zur Darstellung des Stoffes dazu beitragen, die Aufmerksamkeit des Kindes zu erhalten und seine Motivation zu steigern.

Im Allgemeinen kann die Verwendung von Bildern zur Darstellung von Stoff in der Hausaufgabenhilfe für ein autistisches Kind eine wirksame Strategie sein, um das Verständnis, die Motivation und das Einprägen zu verbessern. Es ist jedoch wichtig zu betonen, dass jedes Kind mit Autismus ein einzigartiges Individuum ist und dass es notwendig sein kann, mit verschiedenen Methoden zu experimentieren, um diejenige zu finden, die am besten für das Kind funktioniert.

## Übungen zum Vorlesen:

Die Vorleseübung zur Unterstützung eines autistischen Kindes bei den Hausaufgaben besteht darin, einen bestimmten Text oder Absatz laut vorzulesen, damit das Kind ihn besser hören und verstehen kann.

Das Kind sollte neben dem vorlesenden Erwachsenen sitzen und sich das Buch oder Schulmaterial ansehen, während es vorgelesen wird.

Diese Übung hilft dem Kind, den Text besser zu verstehen, steigert die Konzentration und das Gedächtnis und hilft auch, die Aussprache und das Sprachverständnis zu verbessern.

Es ist wichtig, dass der Erwachsene, der vorliest, eine klare, ruhige Stimme hat und wichtige Wörter oder bedeutsame Sätze betont, damit das Kind den Stoff besser verstehen kann.

Diese Übung kann mehrmals wiederholt werden, bis das Kind den Text oder das Schulmaterial vollständig verstanden hat. Sie kann auch eine Gelegenheit für das Kind sein, Fragen zu stellen oder um Erklärungen zu bitten, um das Verständnis zu verbessern.

## Problemlösungsübungen:

Um einem autistischen Kind beizubringen, Schulaufgaben zu lösen, ist es wichtig, schrittweise und strukturiert vorzugehen. Hier sind einige Übungen, die hilfreich sein können:

**Übungen zum Textverständnis**: Bitte das Kind, einen kurzen Text zu lesen und das darin beschriebene Problem zu erkennen. Hilf ihm/ihr, Fragen zu formulieren, um das Problem besser zu verstehen.

**Organisationsübungen**: Das Kind lernt, die Schritte zur Lösung eines Problems in geordneter und strukturierter Weise aufzuschreiben. Das hilft ihm, sich zu konzentrieren und nicht den Faden des Denkens zu verlieren.

**Übungen zum lateralen Denken**: Das Kind lernt, über die offensichtliche Lösung hinauszuschauen und kreativ zu denken, um alternative Lösungen zu finden.

**Visuell unterstützte Problemlösungsübungen**: Verwende Bilder, Diagramme und Mind Maps, um deinem

Kind zu helfen, Probleme besser zu verstehen und Lösungen zu visualisieren.

**Übungsaufgaben**: Gib deinem Kind viele Gelegenheiten, in einer sicheren und unterstützenden Umgebung Problemlösungen zu üben, und hilf ihm, seine Fähigkeiten zu verbessern.
Es ist wichtig, dass du geduldig bist und dein Kind bei den Übungen kontinuierlich unterstützt und ermutigst. Außerdem ist es wichtig, die Übungen auf die individuellen Bedürfnisse, Stärken und Schwächen des Kindes abzustimmen.

## Gedächtnisübungen:

Gedächtnisübungen, mit denen du einem autistischen Kind beibringst, Schularbeiten zu machen, bestehen darin, Strategien anzuwenden, die dem Kind helfen, sich wichtige Informationen zu merken und sie auf die Aufgabe zu übertragen. Hier sind einige Beispiele für Gedächtnisübungen:

**Lautes Wiederholen**: Das Kind wiederholt die Informationen laut, um die Erinnerung zu festigen.

**Visuelle Poster**: Das Kind nutzt Bilder und Zeichnungen, um die Informationen, die es sich merken muss, darzustellen, was das Verständnis und die Erinnerung erleichtert.

Gedächtniskarten: Das Kind erstellt Karten mit den wichtigen Informationen, die es sich einprägen soll, und verwendet dabei Abkürzungen oder Schlüsselwörter.
**Spielend lernen**: Das Kind lernt Informationen durch interaktive Spiele, wie Quizspiele oder Ratespiele.

**Gruppenarbeit**: Das Kind lernt Informationen, indem es in einer Gruppe mit anderen Kindern oder einer Lehrkraft zusammenarbeitet und so eine unterstützende und kooperative Umgebung schafft.

Diese Übungen können auf die besonderen Bedürfnisse des autistischen Kindes zugeschnitten und an sein Verständnis- und Gedächtnisniveau angepasst werden.

## Konzentrationsübungen:

Konzentrationsübungen, um einem autistischen Kind beizubringen, Schularbeiten zu machen, bestehen aus einer Reihe von Aktivitäten, die die Konzentrationsfähigkeit und Aufmerksamkeit des Kindes verbessern sollen. Diese Übungen können Folgendes beinhalten:

**Visuelle Aktivitäten**: z.B. ein sich bewegendes Objekt betrachten oder einem Objekt mit den Augen folgen.

**Gedächtnisübungen**: z.B. lernen, sich eine Zahlen- oder Bilderfolge zu merken.

**Sensorische Aktivitäten**: z.B. Anfassen, Riechen oder Hören verschiedener Geräusche, um die Sinne zu stimulieren.

Atemübungen: z.B. tiefe und langsame Atemübungen, um die Konzentration zu fördern.

**Rollenspiele: zum** Beispiel einen Charakter spielen, der Konzentration und Fokus erfordert.

Konzentrationsübungen sollten an das Verständnisniveau des autistischen Kindes angepasst sein und in einer entspannten und ablenkungsfreien Umgebung durchgeführt werden. Diese Übungen helfen dem Kind, die Konzentrations- und Aufmerksamkeitsfähigkeiten zu entwickeln, die es braucht, um Schulaufgaben erfolgreich zu erledigen.

## Koordinationsübungen:

Koordinationsübungen, mit denen ein autistisches Kind Schularbeiten machen kann, bestehen aus Aktivitäten, die die Hand-Augen-Koordination, die Konzentration und das Gedächtnis verbessern. Diese Übungen können Folgendes beinhalten:

**Magnetisches Fischen**: Mit einer Magnetrute werden Metallgegenstände von der Oberfläche geholt.

**Hindernisparcours**: Mit Materialien wie Kisten, Matten und Bällen wird ein Parcours aufgebaut, den das Kind durchlaufen muss, ohne zu fallen.

**Ausschneiden und Einkleben**: Mit einer Schere werden Figuren auf einem Blatt Papier ausgeschnitten und auf ein anderes Blatt geklebt.

**Fingermalerei**: Beim Malen mit den Fingern entstehen Formen auf dem Papier.

**Ballspiele**: Mit einem Ball werden Wurf- und Fangübungen durchgeführt.

Diese Übungen helfen dabei, die Koordination und Konzentration zu verbessern, was für das erfolgreiche Erledigen von Schularbeiten nützlich ist.

## Organisationsübungen:

Organisationsübungen, mit denen ein autistisches Kind lernt, Schularbeiten zu erledigen, bestehen aus einer Reihe von strukturierten Aktivitäten, die dem Kind helfen, die Fähigkeiten der Planung, des Zeitmanagements und der Organisation der täglichen Aktivitäten zu entwickeln. Diese Übungen können Folgendes beinhalten:

**Erstellung einer Hausaufgabenliste**: Das Kind wird dabei unterstützt, eine Liste mit Aufgaben zu erstellen, die es im Laufe des Tages erledigen muss, z. B. Hausaufgaben machen oder an einer außerschulischen Aktivität teilnehmen.

**Zeitplanung**: Das Kind lernt, die für die Erledigung von Aufgaben benötigte Zeit zu planen und seine Zeit effektiv zu organisieren.

**Verwendung eines Kalenders**: Das Kind wird ermutigt, einen Kalender zu verwenden, um seine Verpflichtungen und Aufgaben im Blick zu behalten.

**Erstellung eines** Tagesablaufs: Das Kind wird dabei unterstützt, einen Tagesablauf zu erstellen, damit es seine Hausaufgaben und andere Aktivitäten in geordneter und regelmäßiger Weise erledigen kann.
**Verwendung von Bildkarten**: Das Kind wird dazu ermutigt, seine Hausaufgaben und seinen Zeitplan mit Bildkarten zu visualisieren.

Diese Übungen helfen dem autistischen Kind, die Fähigkeit zu entwickeln, seine Zeit zu organisieren und Aufgaben effektiv zu erledigen. Sie verbessern auch die Konzentration und die Motivation und helfen dem Kind, sich selbstbewusster und kompetenter zu fühlen, wenn es an schulische Aktivitäten herangeht.

## Schreibübungen:

Schreibübungen, um einem autistischen Kind beizubringen, Schularbeiten zu machen, bestehen aus einer Reihe von Aktivitäten, die dem Kind helfen sollen, die Fähigkeit zu entwickeln, effektiv zu schreiben und zu lesen.

Diese Übungen können die Verwendung von Bildern, Farben und Formen, die Verwendung von Mnemotechniken, die Wiederholung von Wörtern und Sätzen und das Üben des Schreibens von einfachen Wörtern und Sätzen beinhalten. Außerdem können die Schreibübungen an die individuellen Bedürfnisse des Kindes angepasst werden, wobei sein Leistungsniveau und sein Lernstil berücksichtigt werden.

Diese Übungen sollen dem Kind helfen, sein Selbstvertrauen zu entwickeln und seine Konzentrationsfähigkeit zu verbessern, damit es seine Schularbeiten erfolgreich erledigen kann.

## Frage-Antwort-Übungen:

Frage-Antwort-Übungen, um einem autistischen Kind beizubringen, Schularbeiten zu machen, bestehen darin, dem Kind zu helfen, Fragen zu Schulfächern zu verstehen und richtig zu beantworten.

Diese Übungen können mit Unterstützung einer Lehrkraft oder eines Elternteils durchgeführt werden und können die Wiederholung von Fragen und Antworten, das Auslegen von Lehrmaterial, die Präsentation von simulierten Szenarien oder die Teilnahme an Lernspielen beinhalten.

Der Zweck dieser Übungen ist es, das Verständnis, die Konzentrationsfähigkeit und die Fähigkeit, Fragen richtig zu beantworten, zu verbessern.

## Gruppenübungen:

Gruppenübungen zu Fragen sind eine Art von Aktivität, die einem autistischen Kind helfen, Schularbeiten zu erledigen.

Diese Übungen bestehen darin, dass eine Gruppe von Kindern unter der Leitung einer Lehrkraft Fragen zu einem bestimmten Lernthema beantwortet. Das autistische Kind hat die Möglichkeit, den Antworten der anderen Kinder zuzuhören, was ihm helfen kann, das Thema besser zu verstehen und seine Problemlösungsfähigkeiten zu entwickeln.

Diese Übungen können mit einer Vielzahl von Materialien durchgeführt werden, z. B. mit Rollenspielen, Karten, Puzzles und anderen Lernhilfen. Sie sind ein unterhaltsamer und interaktiver Weg, um einem autistischen Kind Schularbeiten beizubringen und seine Beteiligung und Motivation zum Lernen zu fördern.

# VI.II - Strategien zur Unterstützung des Kindes beim Lernen

Strategien zur Unterstützung des Kindes beim Lernen bestehen aus Techniken und Methoden, die dem Kind helfen, sich zu konzentrieren und den Schulstoff besser zu verstehen.

Diese Strategien können je nach den individuellen Bedürfnissen des Kindes variieren, aber einige der besten sind:

## Schaffe eine organisierte und ruhige Lernumgebung.

Die Strategie besteht darin, eine ruhige und ablenkungsfreie Lernumgebung zu schaffen, damit sich das autistische Kind auf die Schularbeit konzentrieren kann. Diese Umgebung kann ein eigener Lernraum oder eine Ecke im Haus sein, die für diesen Zweck reserviert ist.

Um eine organisierte Lernumgebung zu schaffen, ist es wichtig, dass sie gut beleuchtet und sauber und ordentlich ist. Es kann notwendig sein, visuelle Elemente wie Etiketten oder Lesezeichen zu verwenden, damit das Kind weiß, wo es Bücher, Hefte und andere Lernmittel ablegen soll.

Was die Stille angeht, kann es hilfreich sein, Ohrstöpsel oder ein Gerät zu verwenden, das weißes Rauschen erzeugt, um Außengeräusche zu überdecken. Es kann auch notwendig sein, die Nutzung von elektronischen

Geräten wie Handys oder Computern während des Studiums zu kontrollieren.

In dieser Lernumgebung ist es wichtig, dass das Kind Zugang zu allen Hilfsmitteln hat, die es für die Schularbeit braucht, wie Stifte, Marker, Taschenrechner usw. Außerdem kann es hilfreich sein, regelmäßige Routinen für die Erledigung der Hausaufgaben einzuführen, damit sich das Kind wohler fühlt und sich besser konzentrieren kann.

Zusammenfassend lässt sich sagen, dass die Strategie zur Schaffung einer organisierten und ruhigen Lernumgebung, um einem autistischen Kind das Lernen beizubringen, darin besteht, einen speziellen Lernraum einzurichten, Ablenkungen zu beseitigen, die notwendigen Hilfsmittel bereitzustellen und regelmäßige Routinen einzuführen. Dies wird dem Kind helfen, sich auf die Schularbeit zu konzentrieren und seine Lernziele zu erreichen.

## Nutze eine regelmäßige Routine zum Lernen.

Die Strategie besteht darin, einem autistischen Kind mit Hilfe einer regelmäßigen Lernroutine beizubringen, Schularbeiten zu erledigen.

Das Kind wird in einen Tagesablauf eingeführt, der eine Zeit für das Lernen und die Schularbeiten beinhaltet. Diese Routine wird zu einem festen Bestandteil des Tages des Kindes und gibt ihm eine klare und vorhersehbare Struktur.

Auf diese Weise weiß das Kind genau, wann es sich auf die Schularbeit konzentrieren muss und wird nicht durch andere Aktivitäten oder externe Gedanken abgelenkt. Diese Strategie hilft dem autistischen Kind, die Konzentration auf die Aufgaben aufrechtzuerhalten und sie effizient und organisiert zu erledigen.

## Ablenkungen reduzieren

Die Strategie der Ablenkungsreduzierung besteht darin, eine Lernumgebung zu schaffen, die frei von ablenkenden Elementen für das autistische Kind während der Schularbeit ist. Dies kann auf verschiedene Arten erreicht werden, z. B:

**Wähle einen ruhigen, ablenkungsfreien Ort**: Ein gut beleuchteter Raum mit wenig Lärm oder anderen ablenkenden Elementen kann dem Kind helfen, sich besser auf die Hausaufgaben zu konzentrieren.

**Nutze eine Routine**: Eine feste Lernroutine einzurichten und diese strikt einzuhalten, kann deinem Kind helfen, sich zu konzentrieren und die Motivation aufrechtzuerhalten.

**Vermeide elektronische** Geräte: Elektronische Geräte wie Handys, Tablets und Computer können dein Kind ablenken. Es ist ratsam, sie während des Lernens auszuschalten oder sie zumindest auf lautlos zu stellen.

**Schränke Quellen visueller Ablenkung ein**: Entferne Gegenstände oder Dekorationen, die das Kind ablenken könnten, wie Bilder, Spiele oder andere Gegenstände.

**Nutze Musik**: Musik kann dir helfen, dich zu konzentrieren und Ablenkungen zu reduzieren, indem du entspannende, wortlose Musik wählst.

Zusammenfassend lässt sich sagen, dass die Strategie der Ablenkungsreduzierung darin besteht, alle Elemente, die das Kind während der Schularbeit ablenken können, zu beseitigen oder einzuschränken und so ein Lernumfeld zu schaffen, das die Konzentration und Motivation fördert.

## Verwendung von Bildern und Visualisierungen

Die Strategie besteht darin, Bilder und visuelle Darstellungen zu verwenden, um einem autistischen Kind zu helfen, Schulaufgaben zu verstehen und zu erledigen. Diese Technik basiert auf der Tatsache, dass viele Menschen mit Autismus Schwierigkeiten beim verbalen Verstehen haben, aber sehr visuell sind und ein hoch entwickeltes visuelles Gedächtnis haben.

Aus diesem Grund werden Bilder und visuelle Darstellungen als Unterstützung für den Schulunterricht verwendet, z. B. um mathematische Konzepte mit Bildern darzustellen oder die Struktur eines Satzes oder Absatzes mit Diagrammen zu erklären. Auf diese Weise kann das autistische Kind Konzepte besser verstehen und Aufgaben mit größerer Leichtigkeit und Zuversicht erledigen.

Außerdem ermöglicht der Einsatz von Bildern und Anschauungsmaterial die Anpassung des Unterrichts an die Vorlieben und Bedürfnisse des Kindes, z. B. durch bunte Bilder und auffällige Zeichnungen, die die Aufmerksamkeit des Kindes wecken und sein Interesse aufrechterhalten.

Zusammenfassend lässt sich sagen, dass die Strategie, einem autistischen Kind mit Hilfe von Bildern und visuellen Darstellungen Schularbeiten beizubringen, darauf abzielt, das Lernen für das Kind zugänglicher und verständlicher zu machen, seine Motivation zu steigern und seine schulischen Leistungen zu verbessern.

## Notizen und Zusammenfassungen schreiben

Die Strategie "Notizen und Zusammenfassungen schreiben" besteht darin, einem autistischen Kind mit Hilfe eines visuellen Ansatzes dabei zu helfen, Informationen im Zusammenhang mit Schularbeiten zu verstehen und sich zu merken. Bei dieser Methode werden Notizen und Zusammenfassungen in ein Notizbuch oder auf ein Blatt Papier geschrieben, wobei eine einfache und visuell ansprechende Sprache verwendet wird.

Das Ziel ist es, dem Kind zu helfen, sich auf das Verstehen der Informationen zu konzentrieren und das Langzeitgedächtnis zu unterstützen. Notizen und Zusammenfassungen können mit Zeichnungen, Diagrammen, Tabellen oder Concept Maps veranschaulicht werden, um den Inhalt leichter zu verstehen und sich einzuprägen.
Außerdem fördert diese Strategie die Fähigkeit des Kindes, Informationen zu ordnen und zu kategorisieren, was das Verständnis des Stoffes und dessen spätere Anwendung in der Schule erleichtert.

Zusammenfassend lässt sich sagen, dass die Strategie "Notizen und Zusammenfassungen schreiben" eine wirksame Methode ist, um autistischen Kindern das Erledigen ihrer Schularbeiten beizubringen und ihre

Neigung, Informationen zu visualisieren und zu organisieren, zu nutzen.

## Unterteile das Material in kleine, überschaubare Aufgaben.

Die Strategie besteht darin, den Lernstoff in kleine, überschaubare Teile aufzuteilen, um einem autistischen Kind zu helfen, die Schularbeit zu verstehen und zu erledigen.

Das bedeutet, dass die gesamte Aufgabe nicht als schwieriges und entmutigendes Unterfangen dargestellt wird, sondern die einzelnen Teile in kleinere, leichtere Aufgaben aufgeteilt werden.

Wenn die Aufgabe zum Beispiel darin besteht, ein Kapitel eines Buches zu lesen, kann man die Seiten in kleinere Abschnitte unterteilen und sich dann auf einen Abschnitt nach dem anderen konzentrieren. Das hilft, die Aufmerksamkeit des Kindes zu behalten und Frustration zu vermeiden.

Außerdem kann diese Technik dazu beitragen, die Konzentration und Selbstbeherrschung eines Kindes zu fördern, so dass es in Zukunft leichter wird, komplexere Aufgaben zu lernen.

## Gehe das Material durch.

Die Strategie des Wiederholens besteht darin, einem autistischen Kind durch Wiederholung beizubringen, wie man Schularbeiten erledigt. Das bedeutet, dass die Lehrkraft oder der Nachhilfelehrer Informationen und

Aktivitäten im Zusammenhang mit den Schularbeiten ständig wiederholen sollte, um dem Kind zu helfen, ein besseres Verständnis und ein besseres Langzeitgedächtnis zu erlangen.

Diese Strategie kann auf unterschiedliche Weise umgesetzt werden, z. B. durch verbale Wiederholung, Visualisierung von Bildern oder die Erstellung von Karteikarten oder Mindmaps, um dem Kind zu helfen, sich Informationen zu merken. Es ist wichtig, dass die Lehrkraft konsequent vorgeht und Geduld mit dem Kind hat, denn Wiederholungen brauchen Zeit und Übung.

Außerdem sollte die Strategie zur Wiederholung des Stoffes auf die Bedürfnisse und das Lerntempo des autistischen Kindes abgestimmt werden. Das bedeutet, dass die Lehrkraft die Anzahl der Wiederholungen, die Dauer der Lerneinheiten und die Art und Weise, wie der Stoff präsentiert wird, anpassen sollte, damit das Lernen für das Kind effektiver und sinnvoller wird.

Zusammenfassend lässt sich sagen, dass die Strategie der Wiederholung des Stoffes eine effektive Methode ist, um autistischen Kindern bei den Schularbeiten zu helfen, aber sie erfordert ständiges Engagement und einen individuellen Ansatz, um die besten Ergebnisse zu erzielen.

## Benutze Tablets oder Computer

Die Strategie besteht darin, Geräte wie Tablets oder Computer als Hilfsmittel zu verwenden, um einem autistischen Kind das Erledigen von Schularbeiten beizubringen. Diese Methode macht sich die Fähigkeit dieser Geräte zunutze, eine visuelle und interaktive

Lernumgebung zu schaffen, was besonders für autistische Kinder nützlich ist, die oft Schwierigkeiten haben, abstrakte Informationen zu verstehen oder das geschriebene Wort zu benutzen.

Das Tablet oder der Computer kann verwendet werden, um Lernmaterial in Form von Videos, Lernspielen oder interaktiven Aktivitäten zu präsentieren, die dem Kind helfen, die Aufgabe zu verstehen. Außerdem können mit diesen Geräten auch visuelle Tafeln erstellt werden, die dem Kind helfen, Informationen zu ordnen und sich Konzepte einzuprägen.

Außerdem kann der Einsatz von Tablets oder Computern dazu beitragen, den Druck und die Ängste des autistischen Kindes zu verringern, da diese Geräte eine kontrollierte und strukturierte Lernumgebung bieten. Das Kind kann diese Geräte auch nutzen, um mit seiner Lehrkraft oder anderen Schülern zu kommunizieren und so seine soziale Interaktion zu verbessern.

Zusammenfassend lässt sich sagen, dass der Einsatz von Tablets oder Computern als Lernhilfe für ein autistisches Kind das Verständnis und die Erinnerung an Informationen verbessern, Ängste abbauen und die soziale Interaktion fördern kann.

## Zusammenarbeit mit Lehrkräften und anderen Fachkräften

Die Strategie der Zusammenarbeit mit Lehrkräften und anderen Fachkräften besteht darin, gemeinsam ein maßgeschneidertes Bildungsprogramm für das autistische Kind zu erstellen, damit es lernt, Schularbeiten zu erledigen. Diese Strategie basiert auf dem Grundsatz, dass die Bildung eines Kindes mit besonderen Bedürfnissen einen multidisziplinären Ansatz erfordert, an dem verschiedene Fachkräfte wie Lehrer, Logopäden, Psychologen und Therapeuten beteiligt sind.

Das Hauptziel ist es, dem autistischen Kind dabei zu helfen, die Fähigkeiten zu entwickeln, die es braucht, um Schularbeiten selbstständig zu erledigen und das Interesse an der Schule aufrechtzuerhalten. Um dieses Ziel zu erreichen, arbeiten Lehrkräfte und andere Fachkräfte gemeinsam daran, die Fähigkeiten zu definieren, die das Kind erwerben muss, seine Schwierigkeiten zu erkennen und einen maßgeschneiderten Interventionsplan zu entwickeln, der angemessene Unterstützung und Verstärkung beinhaltet.

Die Strategie kann Aktivitäten wie eine veränderte Präsentation der Aufgaben, die Bereitstellung von Hilfsmitteln, den Einsatz visueller Lehrmethoden und die Schaffung einer einladenden und ablenkungsfreien Lernumgebung umfassen. Darüber hinaus können Lehrkräfte und andere Fachkräfte mit dem Kind arbeiten, um ihm zu helfen, seine Emotionen zu bewältigen und soziale und kommunikative Fähigkeiten zu entwickeln, die für seine schulische Integration entscheidend sind.

Zusammenfassend lässt sich sagen, dass die Strategie der Zusammenarbeit mit Lehrkräften und anderen Fachkräften, um einem autistischen Kind das Erledigen von Schularbeiten beizubringen, darauf abzielt, ein personalisiertes Lernumfeld zu schaffen und das Kind bei der Entwicklung seiner Fähigkeiten zu unterstützen, damit es sein volles Potenzial in der Schule ausschöpfen kann.

## Ein Motivationssystem entwickeln

Die Strategie für die Entwicklung eines Motivationssystems, um einem autistischen Kind beizubringen, Schularbeiten zu machen, besteht darin, ein positives und motivierendes Umfeld für das Kind zu schaffen, damit es ermutigt wird, die Hausaufgaben zu machen und das Gefühl hat, dass das, was es tut, einen Wert hat. Dies kann durch eine Reihe von Schritten erreicht werden:

**Ermittlung der Vorlieben des Kindes**: Es ist wichtig zu wissen, was das Kind motiviert, denn das kann helfen, ein positives und motivierendes Umfeld für das Kind zu schaffen.

Schaffe ein Belohnungssystem: Es kann ein Belohnungssystem geschaffen werden, das das Kind jedes Mal belohnt, wenn es Aufgaben erledigt, z.B. mit Spielzeug oder Lieblingsaktivitäten.
**Entwickle eine Routine: Eine Routine für die** Hausaufgaben kann helfen, eine tägliche Routine für das Kind zu schaffen, damit es weiß, was es erwarten kann.

**Schaffe eine angenehme** Umgebung: Eine komfortable und gemütliche Umgebung kann helfen, das Kind zu motivieren, seine Hausaufgaben zu machen, z. B. mit sanfter Beleuchtung und entspannender Musik.

Biete Unterstützung an: Kontinuierliche Unterstützung bei den Hausaufgaben kann helfen, das Kind zu motivieren und es zum Weitermachen zu ermutigen.

Mit diesen Schritten zielt die Strategie zur Entwicklung eines Motivationssystems, um einem autistischen Kind das Erledigen von Schularbeiten beizubringen, darauf ab, ein positives und motivierendes Umfeld für das Kind zu schaffen, damit es ermutigt wird, seine Hausaufgaben zu erledigen und das Gefühl hat, dass das, was es tut, einen Wert hat.

# VII. Die Unabhängigkeit:

## VII.I - Übungen zur Entwicklung eigenständiger Fähigkeiten

Übungen zur Entwicklung unabhängiger Fähigkeiten, um einem Kind mit Autismus beizubringen, unabhängig zu sein, sind eine Reihe von Aktivitäten, die einem Kind mit Autismus helfen sollen, die Fähigkeiten zu entwickeln, die es braucht, um ein tägliches Leben unabhängig zu führen. Diese Übungen können je nach den individuellen Bedürfnissen und Stärken und Schwächen des Kindes variieren, aber einige gängige Beispiele sind:

**Häusliche Fähigkeiten**: Zähneputzen, Anziehen und Kochen sind Beispiele für häusliche Fertigkeiten, die dem Kind beigebracht werden können.

**Kommunikation**: Kindern beizubringen, wie sie ihre Bedürfnisse und Wünsche effektiv mitteilen können, ist wichtig für ihre Unabhängigkeit.

**Soziale Kompetenzen: Wenn** du Kindern beibringst, wie sie mit anderen interagieren, z. B. durch Gestik, Mimik und Gespräche, kannst du ihre sozialen Kompetenzen fördern.

**Problemlösungskompetenz: Wenn** du deinem Kind beibringst, wie es Probleme selbstständig lösen kann, kann das dazu beitragen, sein Selbstvertrauen und seine Fähigkeit zu entwickeln, die Herausforderungen des Alltags zu meistern.

**Motorische Fähigkeiten**: Wenn du Kindern beibringst, wie man körperliche Aktivitäten wie Gehen, Laufen und Springen ausführt, kann das helfen, ihre motorischen Fähigkeiten und ihre Koordination zu entwickeln.

Die Übungen müssen an die individuellen Fähigkeiten des Kindes angepasst sein und schrittweise eingeführt werden, um Frustration und Stress zu vermeiden. Außerdem ist es wichtig, das Kind während des Lernprozesses ständig zu unterstützen und zu ermutigen.

Die 10 besten Übungen für die Entwicklung unabhängiger Fähigkeiten für ein autistisches Kind sind:

## Training der persönlichen Autonomie:

Personal Autonomy Training Exercise ist ein Lernprogramm, das Kindern mit Autismus hilft, die Fähigkeiten zu entwickeln, die sie brauchen, um in ihrem täglichen Leben unabhängiger zu sein. Das Programm umfasst eine Reihe von Aktivitäten, die den Kindern grundlegende Fähigkeiten wie Anziehen, Essen, Zähneputzen, Baden und vieles mehr vermitteln sollen.

Jede Aktivität wird nach und nach und in kleinen Schritten vorgestellt, damit das Kind sie verstehen und die neuen Fähigkeiten erfolgreich verinnerlichen kann. Das Programm wird oft von einer psychosozialen Fachkraft oder einer spezialisierten Lehrkraft geleitet, aber auch Eltern und andere Bezugspersonen können teilnehmen und das Kind beim Lernen unterstützen.

Das Ziel des Autonomietrainings ist es, dem Kind zu helfen, selbstbewusster zu werden und sein Leben selbstständiger und unabhängiger zu gestalten.

# Organisatorische Ausbildung:

Das Organisationstraining, um ein autistisches Kind zur Selbstständigkeit zu erziehen, besteht darin, dem Kind zu helfen, die Organisations- und Planungsfähigkeiten zu entwickeln, die es braucht, um ein selbstständiges Leben zu führen.

Dazu kann es gehören, bei der Gestaltung des Tagesablaufs zu helfen, ein System von Zetteln und Karten für die Verwaltung von Aktivitäten einzurichten, grundlegende Reinigungs- und Körperpflegefähigkeiten zu vermitteln und bei der Planung von sozialen und Freizeitaktivitäten zu helfen.

Die Übung könnte auch visuelle Techniken beinhalten, wie z. B. das Anfertigen von Karten und Plänen, um dem Kind zu helfen, seine Aktivitäten zu visualisieren und zu verstehen. Außerdem können Rollenspiele und Simulationen eingesetzt werden, um die Fähigkeit des Kindes zu fördern, Entscheidungen zu treffen und Probleme zu lösen.

Diese Übung sollte je nach den besonderen Bedürfnissen des autistischen Kindes entwickelt und angepasst werden und kann die Zusammenarbeit mit einem Team von Fachleuten erfordern, darunter ein Lehrer, ein Therapeut und ein Sozialarbeiter.

Letztlich geht es darum, dem Kind zu helfen, sein tägliches Leben so selbstständig wie möglich zu gestalten und sich auf eine unabhängige Zukunft vorzubereiten.

# Kommunikationstraining:

Das Kommunikationstraining, mit dem du einem autistischen Kind Selbstständigkeit beibringst, besteht aus der Anwendung bestimmter Techniken und Methoden, die dem Kind helfen, die Kommunikationsfähigkeiten zu entwickeln, die es braucht, um seinen Alltag selbstständiger zu bewältigen.

Diese Art von Übung beinhaltet die Schaffung von Möglichkeiten für das Kind, mit der Außenwelt zu interagieren, indem es verschiedene Hilfsmittel und Technologien wie Gebärden, Kommunikationstabletts, Apps und interaktive Spiele nutzt.

Außerdem können Eltern und Lehrkräfte mit dem Kind daran arbeiten, die Fähigkeit zu entwickeln, verbale und nonverbale Sprache wie Gestik, Mimik und Körperhaltung zu verstehen und einzusetzen.

Letztlich geht es darum, dem Kind zu mehr Selbstvertrauen und Sicherheit in der Kommunikation zu verhelfen und es unabhängiger zu machen, wenn es darum geht, seine täglichen Bedürfnisse zu befriedigen, z. B. nach dem zu fragen, was es braucht, oder sich klarer und verständlicher auszudrücken.

# Training der sozialen Interaktion:

Das Training der sozialen Interaktion ist ein therapeutischer Ansatz, der Kindern mit Autismus hilft, ihre sozialen und kommunikativen Fähigkeiten zu entwickeln.

Diese Art von Übung konzentriert sich auf alltägliche soziale Interaktionen, wie Begrüßung, Teilnahme an einem Gespräch, gemeinsame Spiele und Aktivitäten und das Reagieren auf soziale Signale.

Ziel ist es, dem Kind zu helfen, soziales Verhalten besser zu verstehen und die Fähigkeit zu entwickeln, effektiv mit anderen zu interagieren. Dies kann durch eine Kombination aus Verhaltensmodellierung, Verstärkung, Nachahmungsübungen und Übung in realen sozialen Situationen erreicht werden.

Das Training der sozialen Interaktion wird in der Regel von einer qualifizierten Fachkraft, z. B. einem Verhaltenstherapeuten oder Fachlehrer, in Zusammenarbeit mit den Eltern des Kindes und anderen Familienmitgliedern durchgeführt.

Die Bedeutung des Trainings sozialer Interaktion liegt in der Tatsache, dass soziale Kompetenzen grundlegend für die Entwicklung eines Kindes und seine Fähigkeit sind, gesunde und ausgewogene Beziehungen zu anderen aufzubauen. Mit der Zeit können diese Fähigkeiten dazu beitragen, die Lebensqualität des Kindes zu verbessern und sein Selbstwertgefühl und Selbstvertrauen zu stärken.

## Schulung zur Fehlersuche:

Das Problemlösetraining zur Entwicklung der Selbstständigkeit eines autistischen Kindes ist eine Art von Aktivität, die darauf abzielt, die Problemlösungskompetenz des Kindes so zu entwickeln, dass es die Probleme, die ihm im Alltag begegnen, selbstständig lösen kann.
Diese Art von Übung basiert auf dem Konzept, dass Menschen mit Autismus spezifische Unterstützung

brauchen, um Problemlösungsfähigkeiten zu entwickeln, und dass diese Fähigkeiten durch eine Reihe von wiederholten, praktischen Aktivitäten vermittelt werden können.

Das Kind kann z. B. mit einem alltäglichen Problem konfrontiert werden, wie z. B. dem Bedürfnis, sich selbst anzuziehen, und wird dann durch eine Reihe von Schritten zur Lösung des Problems geführt, wie z. B. die Identifizierung der Kleidung, die es anziehen muss, die Suche nach der Kleidung im Kleiderschrank und schließlich das Anziehen der Kleidung. Mit der Zeit lernt das Kind, diese Art von Problem selbstständig zu lösen und kann diese Fähigkeiten auf komplexere Probleme anwenden.

Diese Art von Übung ist wichtig für die eigenständige Entwicklung des autistischen Kindes, denn sie lehrt es, kritisch zu denken und Lösungen für Probleme zu finden, anstatt auf die Hilfe anderer angewiesen zu sein. Das stärkt sein Selbstwertgefühl und hilft ihm, ein Gefühl von Kompetenz und Kontrolle über sein eigenes Leben zu entwickeln.

## Empathie-Training:

Das Empathietraining zur Entwicklung der Selbstständigkeit eines autistischen Kindes bezieht sich auf eine Reihe von Aktivitäten und Techniken, die darauf abzielen, die Fähigkeit eines autistischen Kindes zu entwickeln, andere zu verstehen und mit ihnen auf einfühlsame und sensible Weise zu interagieren.

Diese Übungen können beinhalten, soziale Situationen zu beobachten, über die Emotionen anderer nachzudenken und die eigenen empathischen Reaktionen zu erkunden. Das Ziel ist es, dem Kind zu helfen, die Emotionen und Erfahrungen anderer besser zu verstehen, gesündere Beziehungen zu entwickeln und bei der Lösung von Problemen unabhängiger zu werden.

## Selbstbeherrschungstraining:

Die Problemlösungsübung zur Entwicklung eigenständiger Fähigkeiten bei einem autistischen Kind ist eine pädagogische Strategie, die darauf abzielt, Autonomie und die Fähigkeit zur eigenständigen Problemlösung zu entwickeln. Diese Art von Übung soll Kindern mit Autismus helfen, die sozialen, kognitiven und verhaltensbezogenen Fähigkeiten zu entwickeln, die sie zur Bewältigung der täglichen Herausforderungen benötigen.

Das Problemlösetraining kann eine Reihe von Aktivitäten umfassen, mit denen das Kind lernt, Probleme selbstständig zu lösen, wie z. B. das Lösen von Puzzles oder das Lösen von praktischen Problemen. Ziel ist es, dem Kind dabei zu helfen, kritisches Denken, Problemlösungs- und Entscheidungsfähigkeiten zu entwickeln, die es ihm ermöglichen, Probleme selbstständig zu bewältigen.

Diese Art von Training wird in der Regel von einem spezialisierten Lehrer oder Therapeuten durchgeführt und kann auf die individuellen Bedürfnisse des Kindes abgestimmt werden. Das Selbstkontrolltraining ist ein wichtiger Teil der Autismus-Therapie und kann dazu beitragen, die Lebensqualität des Kindes zu verbessern und es auf eine unabhängigere Zukunft vorzubereiten.

# Ausbildung für finanzielle Unabhängigkeit:

Das Training der finanziellen Unabhängigkeit zur Entwicklung unabhängiger Fähigkeiten bei einem autistischen Kind konzentriert sich auf die Verbesserung der finanziellen und wirtschaftlichen Fähigkeiten des Kindes. Diese Art von Übung zielt darauf ab, dem Kind die Grundlagen der persönlichen Finanzen beizubringen, z. B. den Umgang mit Geld, verantwortungsvolle Ausgaben und langfristige Finanzplanung.

Ziel ist es, dem Kind die Fähigkeiten und das Selbstvertrauen zu vermitteln, die es braucht, um seine Finanzen in Zukunft selbstständig zu verwalten. Diese Art von Übung könnte den Einsatz von Instrumenten wie Haushaltsplanung, die Festlegung finanzieller Ziele und die Bildung von Spargewohnheiten beinhalten.

Für ein Kind mit Autismus könnte diese Art von Übung besonders wichtig sein, da Autismus die Fähigkeit beeinträchtigen kann, persönliche Finanzen zu verstehen und zu verwalten.

Jedes Kind ist jedoch einzigartig und das Trainingsprogramm zur finanziellen Unabhängigkeit sollte auf die Bedürfnisse und Fähigkeiten des Kindes zugeschnitten sein.

## Mobilitätstraining:

Das Mobilitätstraining zur Entwicklung unabhängiger Fähigkeiten ist eine Art Bildungs- und Rehabilitationsmaßnahme, die autistischen Kindern helfen soll, ihre motorischen Fähigkeiten und ihre Unabhängigkeit zu entwickeln und zu verbessern. Diese Übung konzentriert sich auf die Verbesserung der körperlichen Fähigkeiten des Kindes, wie Koordination, Gleichgewicht, Kraft und Flexibilität, durch Spiele, körperliche Aktivitäten und strukturierte Therapien.

Das Hauptziel ist es, dem Kind dabei zu helfen, selbstbewusster und unabhängiger bei alltäglichen Aktivitäten wie Gehen, Laufen, Springen, Klettern und ähnlichen Tätigkeiten zu werden und seine Fähigkeit zur Kommunikation und Interaktion mit seiner Umwelt zu verbessern.

Bei dieser Art von Übung leitet ein spezialisierter Therapeut oder Lehrer das Kind durch spielerische und kreative Aktivitäten an, um seine motorischen Fähigkeiten zu fördern. Diese Aktivitäten können auch mit anderen Therapieformen wie Musiktherapie oder Verhaltenstherapie kombiniert werden, um die bestmöglichen Ergebnisse zu erzielen.

Mobilitätstraining ist eine sehr wichtige Maßnahme für autistische Kinder, da es ihre Lebensqualität verbessert, ihr Selbstwertgefühl stärkt und die Entwicklung sozialer und kommunikativer Fähigkeiten fördert.

## Schulung im Umgang mit der Technologie:

Die Trainingsübung zur Nutzung von Technologie für die Entwicklung unabhängiger Fähigkeiten eines Kindes mit Autismus ist ein Trainingsprogramm, das verschiedene Technologien wie Computer, Tablets und Apps nutzt, um dem Kind zu helfen, soziale, kommunikative und alltägliche Fähigkeiten auf eine autonomere und unabhängigere Weise zu entwickeln. Ziel dieser Art von

Übung ist es, die Fähigkeiten des Kindes zu verbessern und sein Selbstvertrauen zu stärken, damit es mit der Welt um sich herum interagieren und im täglichen Leben unabhängiger werden kann.

Dieses Trainingsprogramm wird von Experten durchgeführt und verwendet einen maßgeschneiderten Ansatz, um auf die individuellen Bedürfnisse des Kindes einzugehen und ihm zu helfen, seine langfristigen Ziele zu erreichen.

# VII.II -Techniken zur Unterstützung des Kindes bei der Erlangung der Unabhängigkeit

Die Techniken zur Unterstützung der Selbstständigkeit autistischer Kinder sind vielfältig und können auf die besonderen Bedürfnisse jedes Kindes zugeschnitten werden.

Im Folgenden findest du die 10 besten Techniken, um autistische Kinder dabei zu unterstützen, selbstständig zu werden:

## Verhaltenstherapie:

Die Verhaltenstherapie zur Unterstützung des Kindes bei der Erlangung von Selbstständigkeit bei autistischen Kindern besteht darin, eine strukturierte Umgebung zu schaffen, die dem Kind hilft, sozial akzeptable Verhaltensweisen zu verstehen und zu erwerben und Selbstmanagement- und Kommunikationsfähigkeiten zu entwickeln.

Experten setzen Techniken wie Verstärkung, differenzielle Verstärkung, Training von Grundfertigkeiten und Funktionsanalyse ein, um Kindern zu helfen, die Folgen ihres Verhaltens zu verstehen und neue Fähigkeiten und Verhaltensweisen zu entwickeln.

Der Therapeut arbeitet auch mit den Eltern und dem Schulpersonal zusammen, um ein einheitliches Umfeld zu schaffen, das die Fortschritte des Kindes unterstützt. Dazu kann es gehören, einen Routineplan zu erstellen, klare Regeln und Erwartungen aufzustellen und unangemessenes Verhalten zu ändern.

Das ultimative Ziel ist es, dem Kind zu helfen, so unabhängig wie möglich zu werden und seine Fähigkeit zu entwickeln, positiv mit anderen zu interagieren und sich an die Welt um es herum anzupassen.

## Evidenzbasierte Unterrichtstechniken (EBTs):

Evidence-Based Teaching Techniques (EBTs) sind eine Reihe von effektiven, wissenschaftlich unterstützten Methoden zur Förderung von Kindern mit Autismus. Diese Techniken nutzen evidenzbasierte Tests, um herauszufinden, was für jedes Kind am besten funktioniert, um optimale Ergebnisse beim Erwerb von sozialen, verhaltensbezogenen und kommunikativen Fähigkeiten zu erzielen.

Hier sind einige Beispiele für EBTs, die das Erreichen von Unabhängigkeit bei autistischen Kindern unterstützen:

**Strukturierter Unterricht**: Er nutzt eine Reihe von organisierten und wiederholten Schritten, um bestimmte Verhaltensweisen zu lehren, wie z.B. sich die Hände zu waschen oder sich anzuziehen.

**Unterstützte Kommunikation (Augmentative and Alternative Communication)**: Hilft Kindern mit Autismus bei der Kommunikation mithilfe von Zeichen, Bildern oder anderen alternativen Kommunikationsformen, wie z.B. einem Kommunikationshilfsmittel.

**Sozialer Unterricht**: Er vermittelt soziale Fähigkeiten wie Teilen, Abwechslung und soziale Interaktion mit anderen Menschen.

**Verhaltenstherapie**: Eine Reihe von Verhaltenstechniken wie positive Verstärkung und Wiederkonditionierung werden eingesetzt, um neue Verhaltensweisen und Fähigkeiten zu erlernen und problematische Verhaltensweisen zu verändern.

**Funktionaler Unterricht**: Er lehrt Aktivitäten des täglichen Lebens wie Putzen, Kochen und die Kontrolle von Gegenständen, damit die Kinder unabhängiger werden können.

Diese Techniken lassen sich an die individuellen Bedürfnisse jedes Kindes mit Autismus anpassen und können kombiniert werden, um die besten Ergebnisse zu erzielen. Außerdem stützen sie sich auf eine solide Evidenzbasis und wurden entwickelt, um die Selbstständigkeit von Kindern mit Autismus wirksam zu unterstützen.

## Sensorische Therapie:

Die sensorische Therapie zur Förderung der Selbstständigkeit bei Kindern mit Autismus ist ein therapeutischer Ansatz, der die Sinne als Mittel zur Verbesserung der sozialen, emotionalen und verhaltensbezogenen Fähigkeiten von Kindern mit Autismus einsetzt. Diese Therapie konzentriert sich auf die Veränderung der sensorischen Umgebung und die Beeinflussung bestimmter Reize, um die Fähigkeit des Kindes zu verbessern, sensorische Informationen zu verarbeiten und angemessen zu reagieren.

Die sensorische Therapie kann zum Beispiel Aktivitäten wie die Verwendung von sensorischem Spielzeug, Bewegungsübungen, den Umgang mit Materialien, Musik und den Kontakt mit Licht und Farben beinhalten. Diese Aktivitäten helfen dem Kind, Fähigkeiten wie Zeit- und Raumwahrnehmung, Auge-Hand-Koordination, Konzentration, Gedächtnis und soziales Verhalten zu entwickeln.

Die sensorische Therapie ist ein individueller, auf das Kind zugeschnittener Ansatz, der die spezifischen sensorischen Bedürfnisse und Reaktionsfähigkeiten des Kindes berücksichtigt. Die Therapeutin/der Therapeut erstellt gemeinsam mit dem Kind und seiner Familie einen individuellen Therapieplan, der bestimmte Ziele und Aktivitäten enthält, um diese zu erreichen.

Zusammenfassend lässt sich sagen, dass die sensorische Therapie zur Förderung der Selbstständigkeit bei autistischen Kindern eine wirksame und ergänzende Therapie ist, die den Kindern hilft, ihre sensorischen Fähigkeiten zu verbessern und mehr Selbstständigkeit und Unabhängigkeit zu erreichen.

## Soziale Interventionen:

Soziale Interventionen, die das autistische Kind bei der Erlangung von Unabhängigkeit unterstützen, können sein:

**Verhaltenstherapie**: Die Zusammenarbeit mit einem Therapeuten, der Erfahrung mit Autismus hat, hilft dem Kind, soziale und kommunikative Fähigkeiten zu entwickeln.

**Ergotherapie**: Sie hilft dem Kind, seine motorischen, kognitiven und sensorischen Fähigkeiten durch praktische und lustige Aktivitäten zu entwickeln.

**Sprachtherapie**: Arbeite mit einem Sprachtherapeuten, um verbale und nonverbale Kommunikationsfähigkeiten zu entwickeln.

**Schulische Inklusionsprogramme**: Melde das Kind in einer integrativen Schule an, wo es mit anderen Kindern interagieren und lernen kann, soziale Kontakte zu knüpfen.

**Programme zur Unterstützung zu Hause**: Gemeinsam mit einem Sozialarbeiter werden praktische Fähigkeiten wie Putzen, Kochen und persönliche Autonomie entwickelt.

**Familientherapie**: Arbeit mit den Eltern, um ihnen zu helfen, das Verhalten ihres Kindes zu verstehen und zu steuern und es in seiner Entwicklung zu unterstützen.

All diese Maßnahmen sind auf die spezifischen Bedürfnisse des Kindes zugeschnitten und sollen ihm helfen, im täglichen Leben unabhängiger und selbstständiger zu werden.

## Kommunikationstherapie:

Die Kommunikationstherapie ist eine therapeutische Maßnahme, die Kinder mit Autismus bei der Entwicklung ihrer Kommunikationsfähigkeiten unterstützen soll.

Diese Therapie konzentriert sich darauf, dem Kind zu helfen, soziale und kommunikative Fähigkeiten zu entwickeln, wie z.B. die Fähigkeit, ein Gespräch zu beginnen und aufrechtzuerhalten, die Gespräche anderer zu verstehen, Worte und Gesten zu benutzen, um Gedanken und Wünsche auszudrücken, und die verbalen und nonverbalen Botschaften anderer zu verstehen.

In der Kommunikationstherapie wird häufig ein kindzentrierter Ansatz verfolgt, bei dem das Kind aktiv am Erlernen und Anwenden von Kommunikationsfähigkeiten beteiligt wird. Die Therapeutin oder der Therapeut kann Techniken wie das symbolische Spiel, die Dramatherapie und die direkte Anleitung anwenden, um dem Kind zu helfen, seine Kommunikationsfähigkeiten zu entwickeln und zu verbessern.

Darüber hinaus beinhaltet die Therapie von Kommunikationsfähigkeiten oft eine enge Zusammenarbeit zwischen dem Therapeuten und den Eltern des Kindes oder den Lehrkräften, um sicherzustellen, dass das Lernen auch außerhalb der Therapiesitzung weitergeht. Der Therapeut kann mit dem Kind auch an Fragen der emotionalen Selbstkontrolle, Problemlösung und Stressbewältigung arbeiten, die die Fähigkeit des Kindes zur Kommunikation und Interaktion mit anderen beeinträchtigen können.

Zusammenfassend lässt sich sagen, dass die Kommunikationstherapie darauf abzielt, Kinder mit Autismus bei der Entwicklung ihrer sozialen und kommunikativen Fähigkeiten zu unterstützen, damit sie ein höheres Maß an Unabhängigkeit und Integration in ihrem Alltag erreichen.

.

# Kognitive Interventionen:

Kognitive Interventionen zur Unterstützung der Selbstständigkeit von Kindern mit Autismus sind eine Reihe von Techniken und Strategien, die dem Kind helfen, seine Denkfähigkeiten, seine Problemlösungskompetenz und sein Verständnis für die Welt um es herum zu entwickeln und zu verbessern. Diese Interventionen sollen dem Kind helfen, seine kognitiven, emotionalen und verhaltensbezogenen Einschränkungen zu überwinden und selbstständiger und unabhängiger zu werden.

Einige Beispiele für kognitive Interventionen für ein autistisches Kind sind:

**Verhaltenstherapie**: nutzt Techniken wie Verstärkung und Dekonstruktion, um dem Kind neue soziale Fähigkeiten und Verhaltensweisen beizubringen

**Sprach- und Kommunikationstherapie**: Hilft Kindern, ihre Fähigkeit zu entwickeln, mit anderen zu kommunizieren und sich besser auszudrücken

**Ergotherapie**: hilft Kindern, ihre motorischen Fähigkeiten zu entwickeln und ihre Koordination zu verbessern

**Kognitive Verhaltenstherapie**: Bringt Kindern bei, mit ihren Emotionen umzugehen und stressige Situationen zu bewältigen

**Spieltherapie**: nutzt das Spiel als Werkzeug, um dem Kind neue Fähigkeiten beizubringen und die soziale Interaktion zu verbessern.

Diese Maßnahmen können in maßgeschneiderten Programmen kombiniert werden, um die spezifischen Bedürfnisse des Kindes zu erfüllen und ihm zu helfen, sein maximales Potenzial an Autonomie und Unabhängigkeit zu erreichen.

## Entspannungsmethoden und Stressmanagement:

Entspannungs- und Stressbewältigungstechniken zur Förderung der Selbstständigkeit autistischer Kinder bestehen aus verschiedenen Methoden und Strategien, die darauf abzielen, die körperlichen und geistigen Ängste und Spannungen zu reduzieren, die oft mit Autismus einhergehen. Diese Methoden können sein:

**Tiefes Atmen**: Bring dem Kind bei, langsam und tief zu atmen, um das Nervensystem zu beruhigen.

**Beruhigende** Musik: Nutze Musik, um eine ruhige und entspannende Umgebung für dein Kind zu schaffen.

**Massage**: Massiere das Baby sanft, um Muskelverspannungen abzubauen und die Entspannung zu fördern.

Dehnungsübungen: Ermutige dein Kind, Dehnungsübungen zu machen, um körperliche Verspannungen abzubauen.

**Visualisierung**: Hilf dem Kind, sich einen friedlichen und entspannenden Ort vorzustellen, um Stress abzubauen.

**Meditation**: Dem Kind beibringen, wie man meditiert, um sich auf den gegenwärtigen Moment zu konzentrieren und Ängste abzubauen.

All diese Techniken können dem Kind helfen, einen Zustand der Ruhe und Entspannung zu erreichen, der es bei der Selbstständigkeit und Stressbewältigung unterstützt.

## Beschäftigungstherapie:

Ergotherapie (OT) für Kinder mit Autismus ist eine Form der therapeutischen Intervention, die die Entwicklung und das Lernen von Kindern mit Autismus unterstützen soll. Ihr Ziel ist es, dem Kind dabei zu helfen, seine täglichen Aktivitäten selbstständiger durchzuführen und seine Lebensqualität zu verbessern.

Die OT konzentriert sich auf die motorischen, sensorischen und kognitiven Fähigkeiten des Kindes und nutzt alltägliche Aktivitäten wie Anziehen, Zähneputzen und Händewaschen, um diese Fähigkeiten zu entwickeln und zu verbessern. Darüber hinaus hilft die OT dem Kind, seine Fähigkeit zu entwickeln, mit anderen zu kommunizieren und zu interagieren.

Die Beschäftigungstherapie verfolgt einen maßgeschneiderten Ansatz, der die individuellen Bedürfnisse des Kindes berücksichtigt. Die Ergotherapie kann dem Kind zum Beispiel dabei helfen, seine Hyperaktivität oder Überempfindlichkeit zu bewältigen, seine Aufmerksamkeit und Konzentration zu steigern oder seine Fähigkeit, Entscheidungen zu treffen, zu entwickeln.

Generell ist die Ergotherapie ein sehr effektiver Ansatz, um Kindern mit Autismus zu mehr Selbstständigkeit und einem befriedigenderen und lohnenderen Leben zu verhelfen. Der Therapeut arbeitet eng mit den Eltern,

Familienmitgliedern und Lehrern des Kindes zusammen, um ein maßgeschneidertes Therapieprogramm zu erstellen, das den besonderen Bedürfnissen des Kindes entspricht.

## Schulungsprogramme für Eltern:

Trainingsprogramme für Eltern, die ihr Kind mit Autismus unterstützen, bestehen aus einer Reihe von Lektionen und Trainingseinheiten, die darauf abzielen, den Eltern die Werkzeuge und das Wissen zu vermitteln, das sie brauchen, um ihrem Kind zur Unabhängigkeit zu verhelfen. Diese Programme können Folgendes beinhalten:

**Vermittlung grundlegender Fähigkeiten**: Die Programme können Eltern die grundlegenden Fähigkeiten vermitteln, die ihr Kind braucht, um sich zu entwickeln, z. B. Kommunikation, Sozialisation und Selbstständigkeit.

**Autismus verstehen**: Die Programme können Eltern dabei helfen, die Krankheit ihres Kindes besser zu verstehen und zu verstehen, wie sie sich auf das Verhalten ihres Kindes und seine Fähigkeit auswirkt, sich in der Welt zurechtzufinden.

**Lehrstrategien**: Die Programme können Eltern die effektivsten Strategien vermitteln, um ihrem Kind neue Fähigkeiten und Verhaltensweisen beizubringen.

**Emotionale Unterstützung**: Programme können Eltern helfen, mit den mit Autismus verbundenen Emotionen wie Stress und Frustration umzugehen.

**Vernetzung**: Programme können Eltern die Möglichkeit bieten, sich mit anderen Eltern, die vor den gleichen Herausforderungen stehen, zu treffen und ihre Erfahrungen auszutauschen.

Zusammenfassend lässt sich sagen, dass Trainingsprogramme für Eltern zur Unterstützung des Kindes bei der Erlangung von Selbstständigkeit bei autistischen Kindern wichtige Instrumente sind, um den Eltern zu helfen, ihr Kind in diesem Prozess zu verstehen und zu unterstützen.

Interventionen, die sich an den individuellen Bedürfnissen orientieren: Wir erstellen ein maßgeschneidertes Programm für das Kind, das auf seinen spezifischen Bedürfnissen und Zielen basiert.

# VIII. Schlussfolgerung:

## VIII.I - Die Bedeutung der Therapie bei Autismus

Eine Therapie ist für Kinder mit Autismus aus mehreren Gründen sehr wichtig. Hier sind einige der wichtigsten Gründe:

1. **Entwicklung sozialer Fähigkeiten: Die** Therapie hilft bei der Entwicklung der sozialen Fähigkeiten autistischer Kinder, wie z.B. Kommunikation, Teilen und Verständnis für die Gefühle anderer.

2. **Verbesserte Kommunikation: Eine** Therapie kann dazu beitragen, die verbale und nonverbale Kommunikation autistischer Kinder zu verbessern, damit es ihnen leichter fällt, mit anderen zu interagieren.

3. **Bewältigung problematischer Verhaltensweisen**: Eine Therapie kann autistischen Kindern dabei helfen, problematische Verhaltensweisen wie Aggression, Selbstverletzung oder Ängste zu bewältigen und positive alternative Fähigkeiten zu entwickeln.

4. **Entwicklung der kognitiven Fähigkeiten**: Die Therapie kann dazu beitragen, die kognitiven Fähigkeiten autistischer Kinder zu entwickeln, z. B. Gedächtnis, Aufmerksamkeit und Problemlösungsfähigkeiten.

5. **Entwicklung von Alltagsfähigkeiten: Die** Therapie kann autistischen Kindern dabei helfen, Alltagsfähigkeiten zu entwickeln, wie z.B. persönliche

Autonomie, die Pflege der eigenen Hygiene und die Fähigkeit, Routinen zu folgen.

Generell ist eine Therapie sehr wichtig, um autistischen Kindern zu helfen, die Fähigkeiten zu entwickeln, die sie brauchen, um ein erfüllteres und zufriedeneres Leben zu führen. Es ist wichtig zu wissen, dass jedes Kind mit Autismus einzigartig ist und einen individuellen Therapieansatz braucht.

# VIII.II - Langfristige Planung für das Kind.

Langfristige Planung ist für autistische Kinder aus mehreren Gründen wichtig:

1. **Vorhersehbarkeit**: Autistische Kinder brauchen oft Routine und Vorhersehbarkeit, um sich sicher und wohl zu fühlen. Langfristige Planung bietet einen klaren und vorhersehbaren Rahmen für die Zukunft, der dazu beitragen kann, Ängste und Stress zu reduzieren.

2. **Entwicklung von Fertigkeiten**: Langfristige Planung kann autistischen Kindern helfen, wichtige Fähigkeiten wie Organisation, Planung und Zeitmanagement zu entwickeln. Diese Fähigkeiten können auf andere Bereiche ihres Lebens übertragen werden und helfen ihnen, ihr volles Potenzial auszuschöpfen.

3. **Ziele und Motivation**: Langfristige Planung hilft autistischen Kindern, ihre Ziele zu erkennen und ein Gefühl der Motivation zu entwickeln, um sie zu erreichen. Das kann besonders wichtig für autistische Kinder sein, die sich sonst zu sehr auf einzelne Aufgaben oder Aktivitäten konzentrieren, die nicht zu einem größeren Ziel führen.

4. **Vorbereitung auf die Zukunft**: Langfristige Planung hilft autistischen Kindern, sich auf die Zukunft vorzubereiten, indem sie ihnen die Werkzeuge und Fähigkeiten vermittelt, die sie brauchen, um sich erfolgreich im Erwachsenenleben zurechtzufinden. Dies kann besonders wichtig für autistische Kinder sein, die mehr Unterstützung und Anleitung brauchen, um ihr volles Potenzial auszuschöpfen.

Zusammenfassend lässt sich sagen, dass eine langfristige Planung ein wichtiger Bestandteil für den Erfolg autistischer Kinder ist und in ihre Ausbildung und ihr tägliches Leben integriert werden muss.

# VIII.III - Wie du, habe auch ich...

Liebe neue Eltern,

Ich verstehe die schwierige Zeit, die du gerade durchmachst. Ich weiß aus erster Hand, dass die Feststellung, dass dein Kind autistisch ist, eine stressige und verwirrende Erfahrung sein kann, aber ich möchte dich in einem Punkt beruhigen:

**Die Zukunft deines Kindes steht noch nicht fest.**

Wie du vielleicht schon gemerkt hast, ist Autismus für jeden Menschen einzigartig und unterschiedlich, und es gibt keinen festen Weg, den er einschlagen kann. Es gibt viele Möglichkeiten und Ressourcen, die unseren Kindern helfen, ihre Fähigkeiten zu entwickeln und ihr volles Potenzial auszuschöpfen.

Außerdem gibt es viele berühmte Menschen, bei denen Autismus diagnostiziert wurde und die in ihren Bereichen erfolgreich waren.

Temple Grandin, eine Expertin für Tiere und Technik, ist zum Beispiel eine führende Persönlichkeit auf dem Gebiet der Erziehung und des Verständnisses von Autismus, während der Journalist und Aktivist Dan Olweus Bücher über seine persönlichen Erfahrungen mit Autismus geschrieben hat. Andere berühmte Namen von Menschen mit Autismus, die keiner Vorstellung bedürfen, sind Bill Gates, Elon Musk, Albert Einstein, Charles Darwin, Michelangelo, Andy

Warhol, Anthony Hopkins, Dan Aykroyd, Wolfgang Amadeus Mozart und wie sie viele andere...

Diese Beispiele zeigen, dass Autismus kein Hindernis für Erfolg sein muss und dass Kinder mit Autismus Großes erreichen können.

Informiere dich weiter über Autismus und suche nach Ressourcen und Gemeinschaften, die dich und dein Kind unterstützen können.

Denke daran, dass jedes Kind mit Autismus ein einzigartiges Individuum ist und Liebe, Verständnis und Möglichkeiten verdient, sein volles Potenzial auszuschöpfen.
Mit Optimismus und Ermutigung,

Mauro Crepet

9 798885 304880